U0011345

我的世代我作主

選舉教會我們的事

敖國珠
楊惠蘭

著

| 目錄 |

◷ chapter 1

2020 年大選的入場券

◷ chapter 2

如何當個有魅力的候選人

◐ chapter 3

團隊的賢與能

◐ chapter 4

候選人的賢與能

◐ chapter 5

賢能好公僕的出現與出線

選戰王道：媒體＋網路

周韻采〔元智大學資訊管理學系教授〕

　　讀這本書時，彷彿回到了 2018 年，那段國珠、惠蘭與我成為選戰夥伴的日子，我們一起經歷著尋求媒體曝光、社群分享及民調支持度的緊張、焦慮與欣慰。2018 年的高雄市長選舉顛覆了國民黨靠組織動員的傳統打法，利用高媒體關注度及社群瘋傳的巨大聲量創造了賣菜禿子韓國瑜。而在緊鄰高雄市一隅，國珠與惠蘭形塑了近三十年來國民黨在台南最精彩的一次市長選戰。

　　本書累積了作者們長期在媒體工作的專業及選舉的實戰經驗，更掌握了政治最新脈動，結合媒體與網路的選戰，才是王道。也藉由國珠與惠蘭深入而犀利的觀察及妙筆，帶領我們體會選戰訣竅，我們才得以撥見選舉的重重祕辛，猶如親歷選戰。本書乃第一本完整剖析近年台灣政治翻天覆地的轉變，想一窺政治、看懂門道的讀者，不可錯過。

有意參政者的教科書

徐巧芯（台北市議員）

第一次認識國珠姊，是我擔任國民黨青年團總團長任內，去上了她主持的政論節目。從那時開始就深知，她對於媒體、政治、選舉的瞭解程度之深，在媒體圈、政治圈來說也是名列前茅。更重要的是，她樂於給年輕人機會、舞台，更願意分享自己的經驗，毫不保留。這一次她出書，將選舉這麼複雜的事情以淺顯易懂的文字介紹，且內容不只有傳統選舉觀念，更將近年來重要的新媒體元素寫入書中。

「如果國珠姊早一點出這本書就好了！我也不至於在參選議員的前期不知該從哪裡開始。」這是我讀完這本書內心第一個出現的念頭。《我的世代我作主：選舉教會我們的事》未來一定會成為有意願參政但不知從何下手者的「教科書」，我更想將它推薦給所有對公共事務有興趣的人，讀完本書以後再觀察政治，一定會有更寬闊的視野、不一樣的體悟。

投票，展現自我意志

高嘉瑜（台北市議員）

　　一針見血的評論、鞭辟入裡的分析。國珠這本《我的世代我作主：選舉教會我們的事》，由眾人關心的 2020 年大選切入，並以近年來各候選人的選戰操作做分析，一步步引導我們從選戰的表象、選舉團隊的組成，深入到選舉後台核心的操盤。國珠也從媒體人的角度，探討候選人實務上的媒體操作，由如何吸引媒體的目光，到候選人與媒體的攻防戰，最後再帶入選戰宣傳經費的運用。無論您是對政治關心但不介入的一般民眾，或是已在政治圈耕耘的政治工作者，都能由本書從看熱鬧的門外漢，變成看門道的選戰觀察家。嘉瑜也把這本教您如何選舉的書推薦給您，讓您從關心政治，進一步到積極參與政治，以投票展現自己的意志，成為改變這個社會的正能量。

民主，成熟了嗎？

許復（資深媒體人、作家）

　　來到古希臘時期普尼克斯山（希臘文：Πνυξ）上的演講台，在雅典民主的黃金時期，從一呼萬應的高級官員、KOL，到街頭任何一個市井小民，誰都可以往上一站，高談闊論話遍天下；而來到中國春秋戰國時期齊國的「稷下學宮」，更是當時全球最展現民主特色的意見交流中心，不論國別、黨派、年齡以及背景資歷，誰都可以到這個菁英薈萃的地方與天下人相互爭辯、詰難、學習，甚至交換情報，或者發表 Paper。

　　21 世紀的民主典範：台灣，不論資訊密度、民眾參與公眾事務的熱情，更勝雅典普尼克斯山，以及齊國的稷下之殿。然而，政黨的多元競爭、傳媒的蓬勃興盛，再加上對多元文化的包容態度，以及社群網路對生活無孔不入的滲透，都在提醒我們，在享有言論自由與投票自由的同時，更該從不同層次去理解與透視「選舉」這件事——除

瞭解構傳媒、候選人，以及你我周遭任何一個人就公共議題傳達出的訊息之外，我們都有權利去理解候選人的品牌打造過程，並透過大數據去觀察輿情變化，以及從團隊的公關策略面，去瞭解選戰之於一個成熟民主社會的重要性。

　　資深媒體人惠蘭的新著《我的世代我作主：選舉教會我們的事》，不僅為我們打開了這一切的學習大門，更提醒了我們一件極為重要的事：「識賢與能」，才能更有機會為自由發表個人意見負責，進而做到「選賢與能」。

參與，就能改變！

黃建興（柯文哲 2018 年競選辦公室主任）

長年從事助選工作的我，這本書完全印證我在 2014、2018 年幫台北市長柯文哲的助選經驗中所學到的寶貴一課：不斷感受到新的世代、新的技術應用，同時經過這幾年下來，奠定成為新的政治與社會運作模式。

書中內容涉及台灣近代政治發展 10 年的情況，明確點出了各種問題，雖然實話來說，偶爾令人沮喪與無力。但民主運動的價值，即在於只要你也是參與者，必能夠一起推動改變。

第二個章節開始，作者為每一個讀者提供如果要成為現代化的候選人所需要的一些心理建設，同時也更進一步看到作者描述競選團隊在選務上所需要具備的基本功與協調性之外，更實際的列舉競選中所使用到的網路聲量等數據分析指標，並以非常直覺且易懂的方式，完整的將 2019 年的幾個重要政治事件勾勒出來。

選舉，從這本書開始

蔣萬安（立法委員）

很多人常問我，到底要怎麼投入選舉？需要準備什麼？

以前我只能很簡單的分享個人投身選舉的心得與經驗。現在我會推薦有心投身公共事務、想參與選舉的素人，可以先閱讀敖國珠、楊惠蘭這本《我的世代我作主：選舉教會我們的事》。選舉是一門學問，每一位成功候選人的背後，必然有很堅強的團隊。但是候選人到底要具備什麼條件？怎麼開始？敖姊以記者生涯中敏銳、犀利的觀察，看遍台灣選舉百態的經驗，第一步從候選人要「如何選舉」，如何成為有魅力、吸引民眾支持的候選人開始，一步一步到籌組競選團隊、找尋選舉操盤手，以及加入政黨的利弊得失分析，甚至如何應對媒體、搶全國曝光機會與版面，透過敖姊、惠蘭的淺顯易懂的文字以及詳盡的實例解說，絕對會讓大家收穫滿滿，對於台灣選舉有更深一

層瞭解。

要改變台灣現況，投身選舉是很多人的選擇。一個人固然走得快，但一群人才能走得遠，如何聚集志同道合的伙伴，打一場漂亮不失分的選舉，最終勝選進入議事殿堂為民喉舌，實踐自己的理念，就從閱讀敖國珠、楊惠蘭合著《我的世代我作主：選舉教會我們的事》開始！

當大數據遇上台灣政治

謝一平（思爲策略共同創辦人）

　　非常高興終於有一本以大數據爲根基來談選舉的書問市，這本書以長時間的觀察和大數據，讓科學化的分析在政治領域的應用有更深一層的結合。講究理性的科學分析，遇上追求感性的台灣政治，無疑是媲美原子彈爆炸的化學變化。

　　過去選舉的投票結果以及社群上爆量的資料，經過仔細的提煉，總是能先一步看出徵兆和趨勢，如果能好好運用大數據來打選戰，不需要占星師、預言家來告知選舉結果，候選人自己就可以先行沙盤推演，並且隨時調整選戰策略。

　　長期分析關心台灣人關心的事物，藉此觀察台灣人在心性上的變化，其實是很有趣的。但想要連結光譜兩端的專業，練出自己一套功夫，沒有捷徑，只有通過大量的案

例分析實作和積累方可達成。這本《我的世代我作主：選舉教會我們的事》或許能成為敲門磚，引導您初窺這片渾沌的天地。

我們需要「選舉素養」

胡幼偉（文化大學新聞系主任）

近十年來，台灣開始重視一門學問，也可以說是一門功課，叫做「媒體素養」，也有人稱之為「媒體識讀」。就是要讓閱聽人瞭解傳播媒體的運作方式與實務理念，讓社會大眾成為耳聰目明的閱聽人，好發揮共同監督媒體善盡社會責任的功效。媒體素養之所以重要，是因為大家天天接觸各類媒體，卻不瞭解媒體如何運作。隔行如隔山，當然也就無從監督媒體如何發揮正向社會功能了。

如果媒體素養重要，那選舉呢？台灣的選舉頻繁，很多選民對選舉看似已不陌生，大家也都有投票或不投票的經驗；但真的多數選民都瞭解候選人是如何競選嗎？如果答案不肯定，我們是不是也該重視一下「選舉素養」這門功課？讓選民都能瞭解，候選人是運用哪些策略或「招

數」，來製造對自己有利的意見氣候，又是如何藉由操控媒體來操控人心，以達到勝選目標。如果選民對選戰手法都能「識」能「讀」，有一定程度的認知素養，應該就更能辨識出，哪一位候選人在亂開競選支票，做所謂「政策賄選」；哪一位候選人對地方建設或國家發展有真知灼見，還是根本劃錯重點、弄錯方向！如果選民的選舉素養提高了，對競選花招的識讀能力提升了，是不是就更能確保選賢與能的選舉目的，能真正實現？

從這樣的觀點來看，便能看出敖國珠和楊惠蘭女士撰寫本書的苦心與宏願。她們正是要用這本專書，來提升選民的選舉素養，告訴大家，候選人是如何在打選戰，讓大家對選舉「內情」更為理解後，更有選賢與能的辨識能力，對到底該支持什麼樣的候選人，有更精準的判斷。

環顧歐美先進民主國家的選舉，早已邁向愈來愈專業的地步，重要大選的候選人，多半都委由愈來愈專業的公關公司，操盤整個競選活動，演變到今日，已藉由大數據的分析，詳細掌握選民特質，再根據分析結果，設計出投選民所好的競選政見與活動。於是，對選舉的操控，也就更為綿密；選民看似有最終選擇權，但選擇的方向，卻可

能只是被精準操控後的一種政治幻想。

　　也因為如此，便更凸顯選舉素養或識讀的重要性。畢竟，有理性與智慧的選民，才會選出真正對百姓有幫助、對國家有貢獻的候選人。我就是從這個角度，看到了本書的重要性與價值所在。說來慚愧，我在大學裡教授競選傳播行銷課程多年，至今也才寫過一本介紹台灣候選人如何競選的專書。近十年來，由於網路社群媒體的快速發展，台灣的選舉，已經愈趨複雜，實在該有更多對選舉有研究的人，多寫書介紹當代台灣的選舉策略與實務操作方式，以提升選民的選舉素養。如今兩位作者能適時推出本書，對於台灣的選民，確實是貢獻良多。相信以兩位作者豐富的新聞工作經驗，一定能在本書出版後，繼續在選舉素養的領域中，為大家發揮更多的「嚮導」功能。這是我的衷心期盼。

二〇一九年十一月五日

我的世代，我主張

蔡壁如（台北市政府顧問）

看到這個題目，我以為是時下年輕人很炫的 E 世代語言，翻開內文才發現是一本為選舉寫的書。

台灣民眾黨剛成立，為了候選人的特訓，我在黨部開了一個「選舉技術中心」，每周固定邀請專家及業師來幫候選人及其幕僚上課。其實《我的世代我作主：選舉教會我們的事》這本書，就是教大家如何選舉。

台灣人對選舉的熱衷討論，超乎想像，好像每個人都是選舉專家，對選戰技術都可以說出一套屬於自己的心得報告。選舉的過程中，候選人的形象特質決定了選戰勝負很高的占比，如何當個有魅力的候選人就成了網路社群時代很重要的課題。

這本教大家如何選舉的書，教大家如何當個網紅，網

紅能治國嗎？政治網紅必備的終極條件是什麼？如何看懂選舉大數據？在選舉團隊中，如何組建有戰鬥力的烏合之眾，來贏得選舉。選舉的文宣如何發揮功效，處在新聞沙漠中如何搶全國版面？操盤手的條件？當媒體不當你是個咖時，你應該有怎樣因地制宜的媒體策略。這是一本屬於有志於參與公共政策的人、選舉候選人，甚至是選舉操盤手，必備且實用的選舉書籍。

學會選舉，無往不利！

　　台灣是選舉的國度！不論你是參選人也好、選民也好，都無法置身事外。這本書其實是一本「選舉入門書」，你以為台灣的選舉真的是每隔兩年才發生一次嗎？而一直到大型造勢活動的展開，才是候選人起跑的開始嗎？民調還有「內參」?! 另外為什麼選前民調原本大勝20% 以上，開票當天一夕翻盤？喔喔，事情不是你想的這麼簡單。

　　台灣的民主制度在華人圈是驕傲的典範，但是，選舉究竟是怎麼一回事？候選人熱情擁抱、拜票的背後，一個舉手、一個投足，就是你看到的樣子嗎？候選人在什麼場合、遇見什麼人、說什麼話，不是偶然，而是精心安排的局！一場動輒千萬、甚至上億元的選舉，如此勞神傷財的選舉，背後真正目的又是什麼？

這是台灣第一本告訴你：候選人如何組建團隊、如何在短時間內組織一支有戰鬥力的「烏合之眾」、他們是如何和媒體「交官」的？又是如何製造網路上的聲量、如何撩槍搶砲？如何製造「原子彈」而非「自走砲」？是國內第一本把「**數據**」如何對選舉產生影響，及如何利用「**數據**」的選舉專門科！

所以，如果你是候選人，尤其是有理想、有抱負的年輕參選人，有滿腹改革的想法、想要讓台灣變得不一樣——變得可以繼續往前、可以讓自己驕傲，就請你「要選上」！「選贏」有方法，這本書，易言之，就是教你「如何選舉」。如果你是選民，更要瞭解選舉是怎麼一回事，因為你的選擇，可以說是成本最低廉、卻又最能改變自己人生的投資，是免費而又神聖的一票！

現今，低薪當道、房子買不起、孩子生不起、婚也結不起……，我們的國家變成這樣，年輕人不要再說「大人真噁心」！大人之所以把國家搞成你不喜歡的模樣，跟你「有沒有投票」有很大的關係，正因為你的不參與、你的冷漠，導致世代失落愈形嚴重。

你的這一票很珍貴，全世界 16 億華人中，只有生在

台灣的2300萬人有投票權，可以自己決定讓誰來當總統、當縣市首長、當國會議員……，有這樣決定權的人口比例只有 0.014375%，而這些被你決定出來的政治人物，正決定你我的未來！

你知道台灣有什麼選舉？多久投一次票、選什麼嗎？每隔兩年有一次選舉，分別是地方選舉和中央選舉；地方選舉是對現任總統的期中考，也就是說這兩者環環相扣，小到水溝通不通、路燈亮不亮，再到假怎麼放、薪水怎麼發，甚至我們呼吸的空氣新不新鮮、更往上延伸的是會不會被對岸打過來……。你的有沒有投票、投給誰？決定我們的命運。

問題來了，怎麼確定自己選對人？其實就是「選賢與能」這四個字。

〈禮運大同篇〉：「大道之行也，天下為公，選賢與能，講信修睦，故人不獨親其親，不獨子其子，使老有所終，壯有所用，幼有所長，鰥寡孤獨者皆有所養；男有分，女有歸，貨惡其棄於地也不必藏於己，力惡其不出於身也不必為己，是故謀閉竊而不興，盜亂賊而不作，故外戶而不閉，是謂大同。」

這不就是你我嚮往的生活嗎？這不是選舉時，候選人們的承諾嗎？但現在你過什麼樣的生活？被選上的總統及各級民意代表們，可曾實踐諾言？「選賢與能」重不重要？投票重不重要？不要再把賭爛當清高的藉口，為自己的人生負責任就從「投票」開始！

　　好好參與每場選舉吧！請把你手中神聖的選票投給對的人，選出會治國的賢能之人，從縣、市到國家都有救，人人有好日子過，低薪出局，就能買得起房、結得起婚、養得起小孩，每個世代都不失落！

Chapter 1

2020 年
大選的入場券

趁我們還沒有輸太多之前、趁我們的軟體人才還有國際競力的時候，好好檢視那些想要成為國家元首、地方諸侯、民意代表的參選人。選舉沒有「穩贏」這件事；還有，別以為投票的結果和你的生活無關。

2020 大選為何特別重要？

V**o**te 什麼？選賢與能？!

　　怎麼可能？都什麼年代了，還在跟我談戒嚴時期的口號，什麼「選賢與能」啦？現在有哪個年輕人聽過這四個字？沒有！沒有！沒有人聽過！就算聽過，也當耳邊風，多麼八股的說法，一點都不討喜。是的，「不討喜」、不符合當下網紅詞彙，「選賢與能」這件事，已被早早遺忘在蔣經國那個年代……。

　　「選賢與能」出自〈禮運大同篇〉：「大道之行也，天下為公，選賢與能，講信修睦。」指的是：選拔賢德，將政事託付給有能力的人。不過，對於「有能力」這件事，每到選舉季，總是容易被華麗的詞藻、正義的符號、價值型議題給綁架，模糊了是非。

　　親愛的，不管你喜不喜歡韓國瑜，但就像他說的「台

灣已經混了 20 年！」人的一生有幾個 20 年？孩子們的未來不能等！私心政客用對立玩弄政治，拖累國家發展，孩子愈生愈少，年輕人的未來不能等！

低薪、買不起房，怎敢結婚生子？政客們說「這是國安問題」！誰來解決這個「國安問題」？或者，這只是政客們在選舉時慣用的選舉語言？更甚者，究竟是誰造成這些問題？如果說是政客的錯，那麼，不張大眼睛好好投票或是選擇放棄投票的你，縱容這樣的政客主導未來國家的走向或發展，是不是也應該負起一些責任呢？

人民的痛，要有人止；青壯年的三明治人生，上有長壽卻未必健康的長輩，下有正在接受愈改愈糟的教育體制的孩子，誰來減輕他們的負擔？台灣將成老人國，長照做半套，多少老人得不到照顧？多少家庭得不到喘息？多少優秀子女為年邁生病的父母，辭去前途大好的工作？

曾經政府引以為傲的中小企業主們，如今誰不是睜著眼睛看，看看 2020 年究竟誰當家？誰能帶領台灣正真翻轉？如果翻轉成功，可以考慮擴大投資、可以增加雇員、可以增設店面、可以提供更優質的產品，因為相信好的領導者可以讓人民買得起、用得上、敢消費！但如果選錯人

呢？消費繼續緊縮，連佛心便當店老闆娘推出 60 塊錢便當，都被嫌貴的時候，誰還願意用新鮮食材、用好油為消費者做出美味的台灣美食？最可怕的是政府不斷擴大財政支出、印鈔票換選票，隨之而來的通貨膨脹加上消費緊縮，讓台灣經濟陷入萬劫不復、永無翻身的境地。

中美貿易戰持續、台灣邦交國一個一個消失……台灣憑什麼在兩強中間遊走？政府在哪？選錯人，全台灣人繼續吃苦！說是台灣最美風景的人們啊！難道不睜大眼睛好好投票的你，就完全沒錯嗎？是誰因為政治冷感就放任政客們信口開河、就放棄手中神聖的這一票？有沒有可能因為少了你的這一票，我們的老後無所依、我們的下一代繼續飄零。

為什麼你的這一票如此重要？讓我們用數據說話吧！

1. 台灣出生率全球倒數第一！

「世界人口綜述」（World Population Review）網站 2019 年的各國出生率排名統計，在全球 200 個國家中，台灣平均每個婦女僅生下 1.218 個孩子，台灣排名最後一名，這是真正的國安問題。

2. 結婚率創近 10 年來新低！

內政部統計 2017 年有 13.8 萬對新人結婚，結婚率僅 5.86‰，創 2010 年以來的最低點；相對的，同一年離婚率是 2.31‰，創 5 來年來新高！

3. 平均壽命 80.7 歲，活愈久風險愈高！

內政部公布「107 年簡易生命表」，國人的平均壽命為 80.7 歲，國人平均壽命從 2008 年 78.6 歲至 2018 年 80.7 歲，其中男性 77.5 歲、女性 84.0 歲，國人愈來愈長壽，法定退休年齡是 65 歲，要先想想自己，是不是真能持續工作到 65 歲？再想想 65 歲之後到 80 歲之間，要怎麼過生活……。

4. 首都房價所得比，台北名列全球前十大！

根據全球數據庫（Numbeo）計算全球 340 個主要城市「房價所得比」數據，台北房價已名列全球前十大高房價城市，房價所得比高達 30.15 倍。

5. 經濟成長軌道持續向下……

　　主計處統計：2008 年至 2016 年經濟成長率平均為 2.83％；2017 年至 2019 年（預估）為 2.37％。在經歷了蔣介石時代動輒兩位數成長；蔣經國時代，至少保 8 仍有餘；李登輝時代，大約在 6% 上下；阿扁時代，大約是 4% 上下；現在 2~3% 是常態，成長軌道一直往下是不爭事實。

6. 人均所得台灣由亞洲四小龍之首變成吊車尾！

　　根據「世界銀行」2018 年的資料，亞洲四小龍的人均所得分別是新加坡 58,770 美元、香港 50,310 美元、韓國 30,600 美元、台灣 25,360 美元，台灣差新加坡、香港很遠，韓國人均所得已經輕鬆突破 3 萬美元，但台灣仍在 2 萬多美元打轉，還記得，台灣曾經是亞洲四小龍之首嗎？

　　決定國家未來方向、決定老有所依、壯有所用、少有所靠的生活品質，就在這個時刻！

　　自 2016 年 12 月 31 日開始到 2019 年 10 月，不到 3 年，台灣斷了 7 個邦交國，面臨的是「零邦交國」的國際外交壓力。習近平上台後急於改變兩岸關係，不論「獨」、

「統」或「維持現況」訴求，都讓台灣處於千鈞一髮的恐怖平衡中，特別是在美國面對中國漸成為可以與之相匹敵的競爭對手時，率先挑起的中美貿易大戰，台灣如何不致成為兩強相爭的棋？台灣還有選擇的餘地嗎？要有選擇的能力，就要先有實力。

蔣經國時代建立起的以台灣為首的「亞洲四小龍」國際地位，隨著政黨對立、內耗的情況，加上政府有意無意讓各種「小確幸」模糊政策正當性的同時，台灣現階段的公共政策，以及對未來藍圖的擘劃，在已開發國家中都已漸漸落入倒數位置。

回想剛邁入 21 世紀之初，我們仍然在為如何成為亞太經貿中心而努力，期望建設台灣成為亞太地區樞紐，進而帶動另一波經濟奇蹟。時至今日，往事已如過眼雲煙，當初震天價響的口號，如今也僅是被 5G、AI 等新一波口號取代。推動國家向前進步的能量就這樣虛耗在政治的鬥爭中，讓我們從此滯固不前。

像是遠遠落後其他各國的基本工資，以前的亞洲四小龍，香港、新加坡、韓國薪資早已遠遠超出台灣一大截，香港無庸置疑是世界金融中心，新加坡是許多國際企業總

部的所在，韓國的半導體、手機產業，甚至汽車工業成功走上國際舞台，台灣呢？

台灣還有什麼機會？現在還來得及嗎？還來得及讓台灣的 AI、5G，甚至機器人產業在國際上占有一席之地嗎？別說不可能。

台灣地小人稠，20 多年前（1998 年）麥寮六輕的 6,528 億元投資案之後，還有沒有重大的民間產業投資？沒有啊！好，不要有汙染的重工業，沒關係，我們做軟實力，畢竟大家都說「台灣最美的風景是人」，除了文創，其實「程式設計」更是軟實力的代表。

就像「PTT 創世神」杜奕瑾說的，台灣掌握了發展人工智慧最核心的關鍵，而這個關鍵就是「軟體人才」，正因如此，如何吸引更多軟體人才加入人工智慧產業鏈，留在台灣一起打拚，一定比「口號治國」或是「印鈔票換選票」來得重要。

有了一起打拚的軟體人才，我們才可以繼續談如何發展機器人產業（所以美國才有人提出日後不用工作都可以有基本月薪，就是因為寄望機器人產業）、5G（頻寬更大更穩，可做物聯網的世界，搭配 AI、機器人運行更順暢）

等，是台灣現在還可以發展的利基，都是這時候應該要起步的產業，台灣都有基礎，過去台灣已錯過太多改變經濟體質的機會，錯過，台灣只能繼續向下沉淪；如果跟上，就是強國，如果沒有跟上這波國際潮流，是否還有屑屑可以撿？其實，國際間的國與國競爭，就像社會上人與人之間的競爭，錯過了，只會深化彼此之間的差距，更別說如何在中美兩強相爭之下求得一席之地了。

如果國家是一艘船，擁有選票的我們，就是掌舵的人，民選首長只是站在船頭，鳴戰鼓，統一大家的步伐、節奏，迅速往正確方向前進，讓台灣再往前，讓大家可以過得更好的那個人！

不要再放棄這次機會，趁我們還沒有輸太多之前、趁我們的軟體人才還有國際競力的時候，2020 年好好運用手中這神聖的一票，之後的每兩年一次的投票，都要好好檢視那些想要成為國家元首、地方諸侯、民意代表的參選人，看看誰才是值得我們將下一代的未來託付給他的人。

誰讓台灣混了 23 年？

　　如果說 2020 年有什麼一定要投票的理由，「房價逼死人」一定名列其中。根據全球數據庫（Numbeo）計算，全球 340 個主要城市的「房價所得比」數據，台北房價名列全球前十大高房價城市，房價所得比高達 30.15 倍！代表在台北謀生的青年們，就算把薪水的每一分每一毫都貢獻在房價上，也要不吃不喝 30 年才買得起一個安居之地。

Vote 這是最大的民怨啊！看看馬英九做了什麼好事！

　　2006 年是房價開始飆漲的起點，但真正造成接下來 10 年房價一飛沖天的最大原因，其實就是 2008 年馬英九執政時期的兩大爛政策：降遺贈稅、鼓勵鮭魚返鄉。

▨ 爛！降遺贈稅

2008 年全球金融海嘯，台灣無法置身事外，最嚴重的時候，台灣出口衰退 40%、金融受美國次貸崩盤、雷曼兄弟倒閉影響，馬政府有如驚弓之鳥，降息救市創造市場上更大的資金流動量；降低遺產、贈予稅，吸引大批海外資金回流。

結果呢？馬政府低估了中華文化有土斯有財的傳統觀念，只要有錢，全部拿來買新的土地和新的房子，精華地段的房地產就成了資金最好的去路，精明的有錢人利用房地產來贈與、節稅，加上接近於零的低利率，市場錢多多、游資氾濫，資金沒有去路，當然來個大挪移！建商買地、養地，貸款建屋，大把大把不用成本的資金，為何不用？

原本希望把多餘的資金用在投資產業、提振景氣，但引來大量游資卻沒有提供足夠投資誘因，「青年安心成家」口號從 2008 年喊了十多年，青年依然買不起房，不但買不起房，連續低薪（天啊！低薪！又是這個馬政府的傑作！自以為是的推出「最低工資」給了資方一個只給低薪的好藉口，從此畢業生薪資 22k 變成理所當然），房市

讓受薪階級的負擔更為沉重，卻成為有錢人節稅、避稅的工具。

爛！鼓勵鮭魚返鄉

　　說什麼「鮭魚返鄉」，根本就是世紀大騙局！為自己的政策辯護，馬英九不惜大放厥詞：「本來只有鮭魚，結果回來了好幾條鯨魚」；更點名頂新集團、旺旺集團，盛讚這些企業根本是「台灣的補藥」（2014 年 10 月 15 日 ETtoday 報導），同年 11 月 2 日，時任中央銀行總裁彭淮南在接受媒體訪問時也指出，當年頂新鮭魚返鄉「並沒有帶回任何資金」！

　　頂新運用高槓桿財務操作，展開五鬼搬運法，掏空台灣銀行，回台炒房的第一筆資金，並不是來自海外投資賺的錢，而是打著「鮭魚返鄉」的美名，在台灣發行存託憑證（TDR），從傻傻相信政府的民間投資人手中取得 170 億元資金，造成台灣房地產狂飆、貧富差距惡化，把股權拿去抵押，然後再把從台灣民間騙到的資金又匯到海外（見圖 1）。

原本希望台商回來的資金是進行實質投資、帶動經濟發展、創造就業機會及增加國民所得；但這個馬英九口中的「台灣補藥、頂級鮭魚」卻是不折不扣的大鯊魚，不但沒有任何有益台灣的實質投資，更不曾創造任何就業機會，反而從越南、中國進口低劣、有毒，連當地人都不敢

圖1 2006年至2016年大台北平均房價走勢

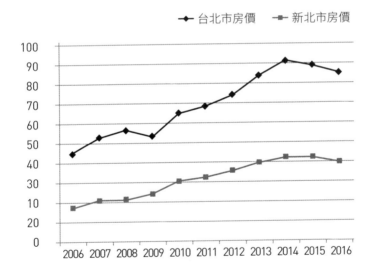

圖說：台北房價名列全球前十大高房價城市，人民不吃不喝30年才買得起一個安居之地，推動房價的飆漲，馬英九政府當之無愧。

吃的地溝油、飼料油、棉仔油，在台灣爛竽充數高價販售，如果不是具道德良知的攤商揭發、年輕檢察官鍥而不捨追查，從而揭露頂新黑心王國大黑幕，這臭不可聞的政商勾結還不知何時結束。

Vote 蔡英文，選票利益最大化的總統

要說馬英九是造成台灣連續 10 年低薪、房價飆漲的元兇，那麼接任的蔡英文總統在相對穩定的全球金融環境，儘管有中美貿易戰爭引發的成長危機，但也看不出小英總統提出什麼有效的對策，花了不少國庫的錢倒是真的（見 42 頁表 1）。

如果說馬英九的執政風格是「傷害最小化」，蔡英文的風格應該算是「選票利益最大化」，人民福祉並不是施政的優先考量，特別是到了選舉季，只要選票利益最大化，是個什麼都敢做、什麼都敢說的「辣台妹」。

V_ote 看看小英怎麼花國庫的錢

　　回顧 2016 年大選結束後，我們又迎來了一次政黨輪替，對未來充滿了期待與想像。多少人心中抱著「啊！房價可以下跌了！」、「終於可以擺脫 22K 了！」等等充滿正能量的想法。然而，蔡英文政府的第一個任期快結束了，你或妳買了房子嗎？感受到這 20 年來經濟最好的時刻了嗎？出國時，有感受到身為台灣人的驕傲嗎？走路有風嗎？

　　先來檢查一下自己的錢包，再從薪資談起吧！畢竟是打著「青年低薪、馬英九無能」口號當選的蔡英文總統，這幾年的確認真地調漲了基本工資，這四年來基本工資漲了 3,792 元，打工族時薪也多了 38 元，分別達到了 23,800 元與 158 元，讓大家離買房成家立業又更近了一點點，但也真的只是「一點點」。民眾有覺得每個月口袋多了近 4,000 元嗎？還是覺得皮包反而比以前更瘦了一點點？

　　其實原因很簡單，基本薪資的調漲跟「不是領最低薪資」的族群是完全脫勾的，老闆們幾乎不會因為基本薪資漲價了，也跟著調漲全體員工的薪資水平，受惠族群當然

就變少了。其次，勤儉持家的台灣老闆們，還可能因為人事成本上升，調整（慢）其他人的加薪幅度，所以，「基本薪資」的調漲，對多數人來說根本無感。

Vote 20 年來台灣經濟最好的時候？

另外一方面，無情的物價不會因為薪資成長緩慢就凍漲，物價的上漲，反而讓比基本薪資改變讓你更有感。根據資料，我們鄰近國家的消費者物價指數變化情況，韓國為消費者物價指數上升幅度最快的國家（1.38%），其次為台灣（0.83%），接著為日本（0.36%），最後為新加坡（-0.06%）。如果這些數字讓你沒什麼真實感受，想想今天中午吃的雞腿便當吧！還是昨天宵夜吃的雞排、珍珠奶茶，這幾年來多少次因為原物料、瓦斯、人事成本、一例一休的原因，價格不斷往上攀升，攀升的速度遠遠大過我們薪資成長的速度，這也是讓我們覺得新台幣越來越薄，怎麼努力賺都不夠花的原因所在。

那麼這幾年民進黨政府到底多做了些什麼，試圖讓人

民有感，或是讓他們有信心說出「這是 20 年來經濟最好的時候」的宣言？有多少政府預算花在這方面，來讓民眾比 8 年前領到 3,600 元的消費券還有感？

我們稍微整理了一下這幾年來蔡英文政府的德政，也不多做任何過多的評論。（見 42 頁表 1）這些政策，有些已經是現在進行式，有些是完成式，大家可以自己感受看看，這成百上千億、甚至上兆的納稅錢，究竟是擲地有聲，創造出更大的收益？抑或是肉包子打狗，跟中元普渡燒掉沒什麼分別？還是徒留子孫一代又一代的債務？冷靜的想一想吧！

Vote 人在江湖混，遲早要還的

如果真像小英說的「這是 20 年來經濟最好的時候」，那麼，拿去「中元普渡燒掉」也不算什麼損失，但「莫忘世上苦人多」啊！不要說什麼 8,800 億元的「前（錢）瞻計畫」、1,045 億元的史上最貴遷村案、554 億元的高鐵南伸了。一個「離岸風電」就要花 2 兆元！ 2 兆元啊！比台

表 1 政府預算花在這方面

時間	政策	經費
2017 年 2 月 6 日	前瞻計畫	8,800 億元
2019 年 1 月 30 日	離岸風電	2 兆元
2019 年 5 月 28 日	老舊計程車汰換補助	2 年 26 億元
2019 年 8 月 1 日	中國限縮來台自由行，秋冬旅遊補助	36 億元
2019 年 8 月 26 日	補助公私立幼兒園專用車汰換	3 年 1.8 億元
2019 年 9 月 2 日	調升老農津貼	543.6 億元
2019 年 9 月 5 日	夜市消費券	8 億元
2019 年 9 月 6 日	遊覽車免徵汽燃稅 1 年	短收 4.35 億元
2019 年 9 月 27 日	高鐵南伸	554 億元
2019 年 10 月 8 日	高雄大林蒲遷村案（台灣史上最大遷村案）	1,045 億元

圖說：除 8800 億元的前瞻計畫是 2017 年提出之外，2019 年開始，小英政府祭出多項政策，有些是現在進行式、有些是完成式，這成百上千億、甚至上兆的納稅錢，究竟是擲地有聲，創造出更大的收益？還是徒留子孫一代又一代的債務？借來的錢，可以不還嗎？

灣前十大首富資產加起來還多（台灣十大有錢人：鴻海郭台銘（1,544 億元）、台積電張忠謀（287.19 億元）、富邦蔡明興（278.73 億元）、大立光陳世卿（271.63 億元）、大立光蔣翠英（266.37 億元）、廣達林百里（257.34 億元）、大立光林恩平（242 億元）、台塑王文淵（211.46 億元）、正新輪胎羅明和（194.34 億元）、富邦金蔡明忠（175.76 億元）。

影響所及，就不止是「買不起房」的問題了，後代子孫身上揹的債務又不知道要多加了幾層，怎麼還？邦交國一個一個斷，到了「零邦交」的時候，跟誰借錢去啊？沒有國際朋友啊！

Vote 滔滔江水般連綿不絕的斷交潮

蔡英文說得沒錯，我們在外交上受到了中國大陸的打壓，不過這些打壓也不是這幾年才有！一直以來，台灣就是在美、中兩強之間遊走，如何在國際上牟取國家的最大利益，才是我們在國際外交上應該要做的事情。但蔡英

文第一屆總統任期還沒結束，斷交的國家不說如滔滔江水般連綿不絕，實際上也相差不遠。蔡英文總統 4 年任期未滿，已經斷交了 7 個國家，比起陳水扁 8 年少 6 個（實際斷交 9 個，但新建交 3 個），馬英九 8 年少一個，都來得又快又多。（見圖 2）

當然，很多人都覺得斷交也無所謂，這些邦交國我們

圖2 蔡英文任內斷交國家與時間表

聖多美普林西比	2016年12月21日
巴拿馬	2017年6月13日
多明尼加	2018年5月1日
布吉納法索	2018年5月24日
薩爾瓦多	2018年8月21日
索羅門群島	2019年9月16日
吉里巴斯	2019年9月20日

圖說：不到 3 年時間，台灣邦交斷 7 國，吃「芒果乾」（亡國感）之前，可能要先嘗「零邦交」滋味。

連聽都沒聽過，每年政府還需要贊助這些友邦許多經費，或是派駐農業團、醫療團，來扶植他們成長。斷交之後，反而能把這些經費拿來用在國內，幫政府省下大筆預算。其實，這種想法是很大的錯誤。舉個極端的例子來說吧！總統出訪時，如果我們在國際上沒有任何友邦，那空軍一號起飛之後，就沒有一個國家願意讓我們降落過夜，茫茫大海，總統就只能飛一圈趕快回來，其他國家頂多讓你過境加個油而已。

而另一方面，沒有邦交國，外交預算就一定會下降嗎？馬英九時期，被在野黨立委罵翻的金援外交，現在真的已經改善了嗎？看看下表（表2）吧，這兩年外交部的預算愈編愈高，外交部「本部」經費比蔡英文剛上任時多了近40億元，機密預算也多了11億元。這個數據告訴我們，外交真的是一門專業活，不是錢砸下去，這些國家就會死心塌地跟我們當朋友。

當我們越花越多錢的時候，邦交國反而愈來愈少，這對我們來說是一個警訊，到底外交預算的效益在哪裡？

表 2 外交部歷年預算

單位：億元

年度	2013	2014	2015	2016	2017	2018	2019	2020
本部預算	242.7	227.7	227.2	229.1	229.1	247.7	246.8	268.3
機密預算	9.1	5.5	5.0	4.4	4.6	15.7	15.6	15.5

說明：從 2018 年開始，外交部的預算愈編愈高，「本部」經費比蔡英文剛上任時多了近 40 億元，機密預算也多了 11 億元。這個數據告訴我們，「外交」是一門專業活，不是錢砸下去，這些國家就會死心塌地跟我們當朋友。

不投票＝放棄未來！

　　一直以來，我們為台灣的民主制度感到驕傲，自詡為亞洲最棒的民主國家之一。事實上，從投票率來看，我們在總統大選或縣市首長選舉的投票表現，也能輕鬆看出台灣民眾對於參與選舉投票的積極與熱情。在美國，2016 年總統大選的投票率不到六成，僅有 56％。相較之下，我們比美國人更願意相信自己手中的一票，能夠改變這個政府，也能改變未來。

　　但投票率的背後，還是存在著幾點隱憂：第一，投票是民主制度中重要的一環，但不是全部。我們是否曾經想過，除了民主的軀殼外，台灣社會擁有民主的靈魂內在嗎？在投下每張票之前，是否認真的比較過每個人的學經歷、品德操守、政見，以及對未來願景的擘劃？還是，社會氛圍、新聞媒體效果等其他因素，反而成為影響你投票的重要力量？

Vte 不投票、賭爛票，空留遺憾滿天飛

選舉沒有「穩贏」這件事

還記得 2014 年首屆桃園市長選舉那一役吧？直到投票的前一天，不止整個桃園市民（不論是吳志揚或鄭文燦的支持者）都相信吳志揚肯定當選的啦！又穩、又妥，毫無懸念，畢竟選前民調兩人的差距曾經高達 20 多個百分點，殊不知選情一夕翻盤，鄭文燦以 49 萬 2,414 張選票、51% 的得票率大勝吳志揚！桃園從此藍天變綠地！哭壞了多少藍營支持者，能怪誰？

2014 年已不是吳志揚與鄭文燦的第一次對決，前一次是在 2000 年，那時還是桃園縣長之爭，鄭文燦從第一次的大輸 4 萬 9,559 票，到 4 年後倒贏 2 萬 9,281 票，媒體形容這是「逆轉勝」！

為什麼哭？因為根據 TVBS 民調中心 2013 年 10 月 17 日公布的調查結果，當時有可能參選桃園市長選舉的時任桃園縣長吳志揚民調最高，領先公開表態參選的民進黨立委彭紹瑾和可能參選的前屆桃園縣長候選人鄭文燦，

吳志揚的支持度領先幅度皆在兩成左右（《自由時報》2013/10/17），萬萬沒有想到，明明民調大贏 20 多個百分點，為什麼就這樣被「逆轉勝」？

別以為投票結果和你無關

另一個在國際上也是很有名的案例，2016 年 6 月 23 日英國全民公投，51.9% 的脫歐派險勝 48.1% 的留歐派，英國脫歐成定局。但也開啟了兩個世代的對立，年輕人懷疑是這些老人阻礙了他們未來的發展，甚至呼籲政府不應該給老年人投票權，但老年人則深信脫歐的經濟困境只是短暫，未來一定會愈來愈好……。

英國會不會因為脫歐之後愈來愈好？現在還無法確定，但可以確定的是公投結束後，直到現在為止，英國陷入的是一場又一場看似毫無止境的內耗之中。現任台大校長管中閔曾形容：英國在歐盟 28 個會員國中。GDP 排名第二、人口第三、面積第八，因此「脫歐對英國國內經濟得不償失，甚至將使得英國在國際經濟地位弱化，往後在經濟上可能更加依附大國」（《端傳媒》2017/4/12），

這樣的觀察當然也在脫歐之後英國年輕人的焦慮上印證出來。

以上這兩個例子，都說明了選舉沒有「穩贏」這件事；還有，別以為投票的結果和你的生活無關。

雖然台灣投票率仍接近七成，但 2016 年總統大選是歷來大選投票率最低的一次，2018 年縣市長選舉，也因為公投綁大選讓投票率下滑。這對未來而言，其實是一種警訊：選民不是開始對政治感到冷漠、就是對改變政治現況

表3 2016 年總統及立委選舉、2018 年六都市及縣市長選舉，投票率及廢票率

	總統投票率	台北市長投票率	新北市長投票率	桃園市長投票率	台中市長投票率	台南市長投票率	高雄市長投票率
2016	66.27%	NA	NA	NA	NA	NA	NA
2018	NA	65.95%	64.04%	60.63%	67.46%	64.01%	73.54%

說明：投票率持續下滑的警訊：選民不是開始對政治感到冷漠、就是對改變政治現況已經沒有信心。

（編註：NA，not applicable，意思為不適用。）

已經沒有信心（見表 3）。

如果是這樣，即使空有「民主」之名，仍無法享有民主的果實，因為選民投票選出的是一個正當性偏低的政治領袖（得票率不過半），將使得人民跟政府之間的矛盾與對立日漸加深，因為總是會有超過五成的選民不贊成或抵制政府推出的政策，如此一來，國家如何繼續前行？

所以啊！如果不投票，或是投賭爛票，就不要抱怨甚至謾罵政府，因為有投票權的你，已經放棄了主宰自己未來的機會！

Chapter 2

如何當個
有魅力的候選人

一個成功的網紅，時時刻刻都有成千上萬的粉網關注著，一言一行都被放大檢視，成為沒有隱私的透明人，很難做自己，承擔太多人的期望的時候，反而讓這些政治人物不敢勇敢的做自己。

人人都是網紅的時代

　　網紅，顧名思意就是靠網路成名的紅人，如何靠網路出名呢？就是透過經營社群網站或影音網站而闖出知名度，不少人還以此為業。沒錯，網紅已經不稀奇了，你我都可以當網紅，你我身邊隨時可見網紅，有時不知網紅動態或不認識網紅，還會被笑落伍了呢！在人人都是網紅的時代，候選人如果不屑當網紅，已經先出局。

　　此話怎麼講？每天從台灣到世界各地，林林總總的資訊，填滿各媒體的時段、版面和篇幅，其中天天攻占最多媒體、最大版面的，就是政治新聞。很奇妙，一般人對政治的感覺是：嚴肅又無聊，但每天政治新聞卻最多，想要藉由政治新聞登上版面的各路人馬更是多，上得了新聞的受訪者，如過江之鯽，身為閱聽大眾的你，記得幾位？要從政，要選舉，千萬不能是選民記不住的鯽魚。

　　還好，網路時代，沒有新聞版面不足的問題，加上凡

走過必留下痕跡的特性，需要曝光、打知名度的任何人，都可以好好利用，要選舉的新人、老將或回鍋、回春者，更要有計劃的好好利用。

V**ote** 不玩自媒體形同自尋死路

在台灣，進入網路時代後的選舉宣傳模式，不脫開 FB 粉絲專頁、LINE 官方帳號、FB 直播、視頻上傳 YouTube，以及在各網媒下廣告，不再被動等待傳統媒體來訪問，而是主動經營自己，這就是所謂的自媒體操作。一個粉絲專頁就能 po 行程、新聞、文章、照片、影片，就是一個集電子和平面媒體功能於一身的全媒體，內容完全操縱在自己手上，怎能不好好經營。

根據資策會創新應用服務研究所公布的調查分析，台灣人平均擁有 4 個社群帳號，第一名是 Facebook，90.9％；第二名是 LINE，87.1％；第三名是是 YouTube，60.4％；年輕人新寵兒 Instagram 以 32.7％的使用率，排名第四，仍在成長中。

沒錯，FB 是候選人最好的媒體朋友。po 文已經是媒體戰的一環，不只傳遞訊息跟粉絲及支持者互動，也是跟對手攻守的戰場之一，由小編根據規劃的議題，對候選人做最好的包裝和推銷；而直播是更重要又機動的操作，可以即時反映時事，也能藉由留下視頻而讓傳統媒體有發新聞的素材，安排在固定的時間做直播，更可以跟支持者對話和互動。

　　FB 直播，直接播出現在正在做什麼，已經像家常便飯般的人人可直播、事事可直播，因為直播成名的網紅，更是不計其數。宛如「自己的新聞自己播」，一支小小手機就能 on air，閱聽人看到的播出效果跟電視一樣，候選人卻不用有面對一堆大攝影機的壓力，錄影鍵按下去，候選人就開講、開演或開秀，如果此時候選人說：「我還沒準備好。」小編們要怎麼辦呢？

Vote 要玩自媒體請先丟偶包

　　請跟呱吉，台北市議員邱威傑學學吧！2018 年以無

黨籍身分在台北市信義松山區首度參選議員，以 1 萬 1,786
票，5.28% 的得票率當選，雖然是吊車尾以第十名選上，
卻是國內第一位踏入政壇的 YouTuber。

請跟「虧雞福來爹」林義豐學學吧！2018 年六都市
長選舉最具話題性的人物就是他，70 歲以無黨籍身分參選
台南市長，裸露上半身拍宣傳照，加上一口台灣英文大喊
「crazy friday」，果然聲勢驚人，無奈只有一招半式，最
後拿到 8 萬 4,153 票，以 8.71% 得票率落選。

其實全台第一名的網紅政治人物是台北市長柯文哲，
他不是網紅（如呱吉）而當選，他也不是學網紅（如林義
豐）而當選，而是行事風格特異、說話口無遮攔的外科醫
師，在 2013 年洪仲丘事件（退伍前因不當禁閉處罰致死，
引發公民團體兩度上街抗議的白衫軍運動）、2014 年太
陽花學運（反對 ECFA 服務貿易協定在立法院強行審查通
過，學生及公民團體占領立法院）之後，全台撻伐國民黨
的氛圍裡，民進黨仍沒信心選贏台北市，而結盟輔選上的
無黨籍台北市長，以 85 萬 3,983 票，57.16% 得票率，大
贏對手連勝文 24 萬 4,051 票。

而高雄市長韓國瑜則是靠網路扭轉逆勢，贏得選舉的

第一人，2018 年以 89 萬 2,545 票，53.87% 得票率，大贏對手陳其邁 15 萬 306 票，是近 30 年來，國民黨第一次同時拿下高雄縣市的執政權，韓式庶民選風，讓他從原本被視為犧牲打到掀起韓流，全台輔選，而打了漂亮的一仗，上任後 4 個月，更決定前進總統府。

看懂了嗎？包裝盛行的年代，「真實」才最可貴！那些走紅的直播主，不管是藝人、素人或政治人物，或成為網紅的政治人物，大都不是俊男美女，但各有特色，唯一的共同點就是「真」，只有真誠才能打動人心，只有人心，才有影響力。

Vote 網紅能治國？

所以，想要更被選民接受，丟掉偶包，丟掉完美主義吧！不要再拿「還沒準備好」當不行動的藉口。只有在每一次的行動中，才能更精進，只有行動才會有進步，才能有好結果。不要害怕改變、不要害怕行動，只有做了才能知道如何可以更好，直播的影響力真的很大，善用網路為

自己宣傳，是選戰主秀啊！

自媒體是個一舉數得的宣傳工具，但也別忘防範凡走過必留下痕跡的反噬。俗語：「好事不出門，壞事傳千里。」在網路世界更加被驗證，操作自媒體也要秉持不做假、不無中生有、不無的放矢的誠信原則，請記得：錯誤的資訊即使秒刪也挽不回。反之，也要懂得保護自己，一旦被對手黑，不能置之不理，而讓假的變成真的、錯的變成對的，而大傷選情。網路好寬廣，但是網路也好不理性，團隊要有應付負面消息或反宣傳的能力和速度。

雖然說，現代選舉，要當網紅才選得上，但是網紅能治國嗎？真實個案正在你我眼前：柯文哲經驗自己難以複製嗎？2018 年競選連任，只贏對手丁守中 3,567 票，以 58 萬 0,663 票，41.07% 得票率，驚險過關，為什麼會這樣？沒政績，是關鍵。韓國瑜經驗自已也難複製嗎？才選上直轄市長就挑戰總統大位，成為國民黨提名人後，民調直直落，聲望步步掉，一句話說得精準：2018 年一人救全黨，2019 年全黨救一人，何以至此？德不配位嗎？

你準備好當網紅了嗎？

　　成為政治網紅之前，要先瞭解什麼叫「網紅」，政治網紅也有大、小咖之分，小網紅只要在自己臉書上找對方向、跟對議題、認真經營就行。但大網紅就有一定的先天條件，首先需要被檢驗，別忘記大網紅也是從小網紅開始一路走過來的，由小躍大時，最重要的關卡是要能通過粉絲的檢驗。

　　這是有步驟的：

　　1. **首先要擁有自己的頻道**，一個可以持續製造新素材的頻道，形成自己的風格並且引起網友的關注，確立自己的地位、有基本的粉絲、格局架構。

　　2. **小網紅**：臉書每篇平均互動量至少超過 1,000 個；YouTube 要有一定的訂閱數（5,000~10,000）：同時上線

人數至少在 300~500 人之間。

3. **大網紅**：臉書每篇平均互動量至少超過 10,000 個；YouTube 要有一定的訂閱數（超過 100,000）：同時上線人數至少 2,000。例如：柯文哲的 YouTube 有 44 萬個訂閱數、蔡英文有 21 萬、韓國瑜是 10 萬。

從小網紅到大網紅是條漫長的路，柯文哲花了一年、韓國瑜也用了半年的時間（這其實已經算是快的了），都有其天時、地利、人和的條件！

只有臉書每篇平均互動量至少超過 10,000 個、YouTube 訂閱數超過 100,000 時，才會真正變成一個咖。

Vote 政治網紅必備的終極條件：勇敢

眼看著 2014 年的柯文哲、2018 年的韓國瑜挾著高人氣網路聲量碾壓所有政治人物，民進黨、國民黨都想成為政治網紅，但網紅可不是這麼好當的，一般網紅可能只要

敢說、敢秀，夠獨特就可以，但政治網紅就沒這麼容易了。分析柯文哲、韓國瑜的成名，可以發現，要成為大網紅，必須具備以下特質：

1. **易懂**：說出去的話讓人容易明白是一件很重要的事，就像電影《阿甘正傳》裡阿甘說的：「我媽總是能用一句話讓我明白事情的道理」。

柯文哲、韓國瑜最厲害的地方就在於可以用很短的話，讓人明白他們在說什麼！像是「垃圾不分藍綠」、「任何一件事，你只要做到做好，都很難」一看就知道是柯文哲會說的話，符合個人特色又簡短好記；韓國瑜的「高雄發大財」、「錢進得來、人出得去」更是讓人琅琅上口，快速的令人印象深刻，又能打動人心，自然容易在網路上被按讚、留言加分享，快速擴散。

2. **誠實及勇於認錯**：一定要誠實！因為在網路上所有說出去的事、po 出去的貼文，如果不是真的，只要 3 秒就可以被打臉；但誠實不容易，所以要練習，從自己的口說出去的話、到行為，都要練習；接著練習你的生活型態，

讓自己變成誠實的人，因為網紅幾乎是透明的，必須能接受透明的生活型態。

3. **快速的行動力**：什麼事情都要很快的去做出來，當有一件很想去做的事的時候，從思考到執行要很快發生，要有絕對的行動力。

以館長為例，他想要賣冰淇淋，一有這個想法後，從推出到賣光只用了 18 個小時！快，就是網路的特質，怎麼樣可以做到快？在有把握的事情上發展就可以做到快；但如果沒有把握，就從自己最熟悉的領域出發，這就是為什麼柯文哲就算已經五年沒有做外科醫生了，還是一直以「外科醫生」自居的道理。

有了政治網紅的成功特質之外，「去成為一名網紅」才是最直接的方式，就從「直播」開始吧！很多政治人物不敢做這件事，擔心的事情有很多，怕說錯話、怕網友直接打臉、怕不有趣……簡而言之，就是「偶包」太重，總是想以最完美的形象呈現在選民面前，天啊！去看看那些成名的網紅，哪一個不是先從犯錯開始？

V𝐨te 學會網路直播得分四個要件,問題就不大

　　直播要有「內才」,所謂「台上三分鐘、台下十年功」,只要上線直播的前 3 分鐘內不會被淘汰,就可以在網路世界活下去,這個前面的 3 分鐘,就是魅力的展現,什麼叫魅力?就是在一群人中,有多少人會因為你的發言、因為你的出現,停下手上的事來聽你說話?

　　魅力是可以練習的、就像是投手雖然有所謂的「天分」,但一位雖然沒有天分卻又很有熱情的投手,透過認真、反覆的練習,就可以達到一定程度水準,魅力這件事,也是一樣。

　　網路直播有下面四個得分要件:

　　一、 **主題和破題**:透過不斷練習(從 500 字到 150 字到 50 字,加一張圖),在最短時間內讓人家知道你在講什麼。

　　二、 **觀察你講話的對象,善於捕捉別人的感受**:直播最即時的反應就是聊天室的談話,從談話的內容隨時調

整自己的表達方式，從而掌握到如何表達可以得到熱烈的話題反應。

三、 直接、真誠是最好的方式：你覺得哪些人會最欣賞你？ta 設定好了，後面都簡單，跟 ta 說清楚。知道自己在說什麼、做什麼，不要做錯誤的包裝。

四、 多看別的直播主：看別人的直播來檢視自己、找到自己可以做到和不能做到的事，走出自己的風格。

透過上述四個練習的方式，掌握了到現場跟人家講話的要件，也千萬別忘了，選舉是場必須結合線上與線下的活動，就算在網路上擁有高知名度和搧動力，也不能保證一定有選票；舉個例子，呱吉在網路上夠紅吧！有多紅？在網路上他只用 29 個小時就募到 180 萬元，這麼強的網路聲勢，但是到選前兩周他還是對自己當選與否沒有把握。

在投票的最後倒數十天，呱吉決定展開街頭短講，他到選區各個捷運口進行 6 分鐘的短講（因為超過 6 分鐘，警察就來了），從最初的幾個人，到有一群人跟著他從一個捷運口到下一個捷運口，到最後一場必須動用空拍，才

可以完整看到有 4,000 多人跟著聽講的壯大場面。

　　所以，綜合一句話，候選人，尤其是新手候選人一定要讓自己看起來要像是在選舉，就是要在不同的場合、不斷提到自己的訴求！徹底捨棄「偶包」！

Vote 網紅的代價──失去隱私的透明人

　　但是，就算具備了上述條件，我們看到台灣的柯文哲、韓國瑜，美國的川普、法國的馬克宏，都面臨必須「再轉型」的尷尬，因為在大紅之後，他們變得不勇敢了。柯文哲為什麼愈來愈不紅？對柯 P 而言，2019 年 9 月之後的他，已經被市長和總統候選人的角色搞混，當他開始被迫意識到自己是黨主席的時候，慢慢發現自己再不能隨意說話，因為被自己的話打臉的情況愈來愈常發生，甚至顯得有些手足無措，失了當初「雖千萬人吾往矣的勇氣」。而這正這是政治網紅想要一直紅下去，必備的終極條件──勇敢！

　　這也是當網紅的代價，必須勇敢！因為一個成功的

網紅，時時刻刻都有成千上萬的粉網關注著，一言一行都被放大檢視，成為沒有隱私的透明人，很難做自己，承擔很多人太大的期望，反而讓這些政治人物不敢勇敢的做自己。

Vote 揭開大數據魔術，打一場漂亮的空戰

大數據、民調，其實在某種意義上很接近，如果民調有操作的空間，那麼大數據也有操作的空間，以候選人最在意的「聲量」來說，「聲量」來自哪些平台、由什麼樣的議題帶動，都需要進一步的分析與瞭解。在這個「數據為王、資料為后」的時代，怎麼樣運用數據和如何解讀就很重要，不要被片面的數據或偏頗的分析誤導，才是真的科學，別讓數據變成一個高倍率的望遠鏡，只看到細節卻忽略了全貌。

因為數據來源的可信度、取樣的時間點、來源的平台，都可能呈現極大的差異；切記，不要只看最後結果，要多看內容或其他相關資料，才能知道數據是不是被特定

人士操作或帶風向。單一的數據來源很容易被操作，要多面向觀察，才能呈現事件的真實面貌，如此也才能真正打一場漂亮的空戰。

Vote 能載舟亦能覆舟的網路聲量

再來看網路如何載舟、如何覆舟：下面 3 張圖分別是柯文哲在 2019 年 10 月 2 日香港反送中事件，發生港警近距離實彈射擊一名 18 歲學生新聞後「難免擦槍走火」、重砲抨擊陳菊「不要以為上半生坐牢，下半生就可以為非作歹」，以及韓國瑜「雞與鳳凰」的失言風波之後的 3 天內，在網路上的情緒反應數、留言數和分享數。

柯、韓兩人在 2019 年下半年的劣勢，都和這些極具爭議性的語言有極大的關係，政治網紅可以因為快速的發言迅速走紅，但也可以因此翻船，此時，就要有「勇於認錯」的勇氣。市政搞好，繼續在網路上得分，也不是不可能的事。以下分別為柯文哲、韓國瑜在選戰中「失言」聲量走勢圖。

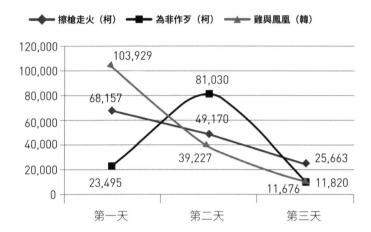

圖1 失言後三日逐日情緒反應數

擦槍走火（柯）　為非作歹（柯）　雞與鳳凰（韓）

103,929
81,030
68,157
49,170
39,227
25,663
23,495
11,676
11,820

第一天　　第二天　　第三天

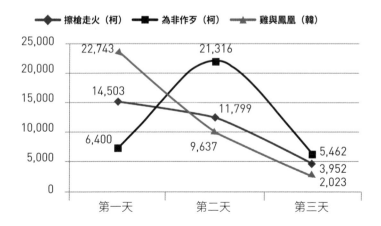

圖2 失言後三日逐日留言數

擦槍走火（柯）　為非作歹（柯）　雞與鳳凰（韓）

22,743
21,316
14,503
11,799
9,637
6,400
5,462
3,952
2,023

第一天　　第二天　　第三天

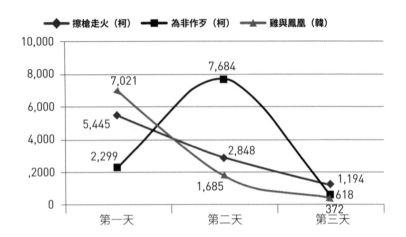

圖3 失言後三日逐日分享數

就網路的整體影響力而言，「為非作歹」的篇數最少，但分享數卻

資料來源：Sola Media 大數據團隊

圖　　說：就網路的整體影響力而言，「為非作歹」的篇數最少，但分享數卻
　　　　　最多，反而是最被大家重視話題；但「擦槍走火」比較有延續性，
　　　　　第三天還能有近百，判斷應是被香港「反送中」事件持續發酵影響。

打選戰不懂大數據，落伍了！

　　2014 年台北市長選舉，柯文哲，一個素人醫生，用極為有限的資源擊敗政治世家子弟連勝文，大贏 25 萬票，除了異於傳統政治人物的思維與競選模式，靠的是運用大數據在網路世界異軍突起；2018 年底九合一選舉，當時的賣菜郎韓國瑜用同樣模式，青出於藍更勝於藍，典型政治網紅金童，網路聲量（不論好壞）至今不墜。

　　當然，每一個當選者之所以勝出有其時空背景及個人特質，然而當選舉的戰場從陸地轉移到空中時，掀起一片政壇網紅潮，蘇貞昌內閣甚至要求部會首長都要開始經營自己的臉書、設立粉絲專頁，最好是每個政治人物都能當網紅，行政院農委會甚至在政府公開招標案上，以一年 1,450 萬元的預算，找網軍，「1450」從此成為網軍代名詞。

　　既然行政院長都帶著部會首長走上政治網紅之路，更不用說必須靠知名度拚選票的政治人物。2014 年台北市

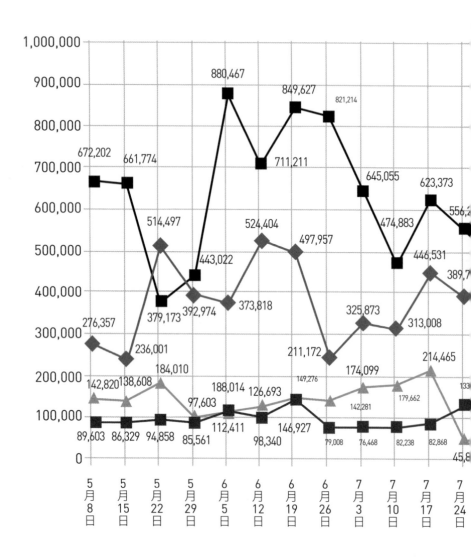

圖 4 2019 年 5/8~9/25 蔡英文、韓國瑜、郭台銘、柯文哲
4 人網路逐周聲量走勢圖

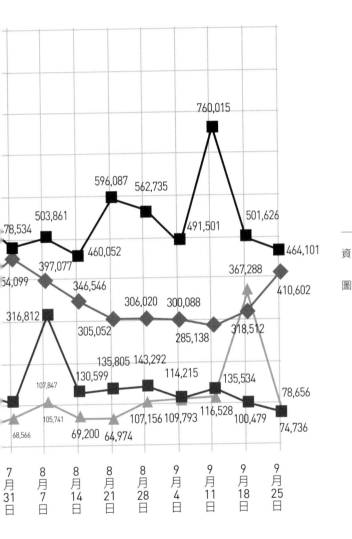

蔡英文　　韓國瑜

郭台銘　　柯文哲

760,015

596,087　562,735

503,861

78,534

491,501　501,626

460,052

397,077

367,288

464,101

54,099

346,546

410,602

316,812

306,020　300,088

305,052

285,138

318,512

135,805　143,292

114,215

130,599

135,534

107,847

116,528

78,656

105,741

107,156　109,793　100,479

74,736

68,566

69,200　64,974

7月31日　8月7日　8月14日　8月21日　8月28日　9月4日　9月11日　9月18日　9月25日

資料來源：Sola Media 大數據團隊。

圖　　說：此表為 2019/5/8~2019/9/25 檯面上有意角逐 2020 總統大位的 4 位主要政治人物蔡英文、韓國瑜、郭台銘、柯文哲在網路上的逐周聲量走勢圖，其中，5/22、8/7、9/18 是重要的關鍵轉折點，值得有意經營網路聲量的政治人物進一步觀察和瞭解。

長選舉柯文哲開啟先河之後，2018 年底九合一大選，六都首長、地方公職人員的選舉，以及 113 位立法委員，一時之間全數投入網路大戰、每天在臉書上報備行程、貼美照、開直播，找小編、網軍留言拚聲量。

Vote 大數據殘酷檢視政治網紅經營成效

政治網紅經營成效如何，我們用大數據來說話。

上頁這張圖（圖4），可以看出為競逐2020總統大位，2019 年 5 月至 9 月底包括蔡英文、韓國瑜、郭台銘、柯文哲等當時熱門總統參選人，在網路聲量上變化的幾個重要轉折點，其中，5 月 22 日是蔡英文與韓國瑜在網路聲量大戰上有了第一次此上彼下的交集。

Vote 按到對的按鈕，一夕扭轉網路聲量

522 這一天，同性婚姻合法的第一天，相關新聞報導

圖5 同婚合法後的當日媒體報導及網路互動量

201905025 05:00 a.m.

思為策略每日輿情特報

* 本報告提供近 24 小時政治及社會類議題。
* 將臉書上互動人數最高的政治類報導，按照互動頻繁程度排序，再以議題潛力做補充或修正。

ETtoday》今天起同性愛侶登記結婚　幫對方買保單不再被拒絕！（40,835 次互動，單篇最高，整體 362,583 次互動）

今天(24 日)起同性愛侶可以登記結婚，當同性伴侶能夠合法成為法律上承認的配偶，保險權益將有兩大改變，包括可以幫對方買保單，也可以是保單的法定繼承人。

【相關熱門新聞】

1. ETtoday》影／搶一早登記同志婚！陳雪：辦手續只要 3 分鐘，我們卻走了 10 年（28,867 次互動）
2. 自由》拒在韓國瑜執政地結婚 高雄市民赴屏東辦同婚登記（23,467 次互動）
3. ETtoday》「等了 21 年，我就是要嫁給你！」 88 歲老母打金戒指陪同登記（21,563 次互動）
4. 蘋果》【同婚首日 1】亞洲第一！定婚約新人激動落淚 盼同志未來不必再出櫃（19,715 次互動）
5. 三立》太大咖！台灣同婚艾倫發推特讚！網：這公關幾億都買不到（19,677 次互動）
6. 自由》「他們」相守 21 年結婚 88 歲母親送金戒指祝福（15,277 次互動）
7. 蘋果》【微視蘋】她和生生了四個孩子 女同夫妻搶登記：我們沒有不一樣（13,870 次互動）
8. 三立》同志伴侶今登記「夫夫妻妻」 陳雪感動：這 3 分鐘等了十年（12,764 次互動）
9. 聯合》同婚登記／許秀雯＆簡至潔：是婚姻，也是同志運動（10,415 次互動）
10. 自由》亞洲第一！同志伴侶登記結婚 激動落淚（10,057 次互動）
11. ETtoday》女律師女醫生「滴精各生一子」懷抱牽手 父母歡喜陪登記結婚（9,542 次互動）
12. 聯合》桃園同婚女多於男 新人開心秀配偶欄「等很久了！」（9,296 次互動）
13. 聯合》同婚登記今天上路…她對純一見鍾情 交往 9 個月決定嫁了（9,105 次互動）
14. ETtoday》同婚首日》北大「彩虹旗」空中飄揚 校方「尊重多元」網嗆讚：我文化我驕傲（8,619 次互動）
15. 蘋果》【同婚首日4】全國共計 526 對完成登記 新北 117 對奪冠（7,243 次互動）
16. 聯合》赴日作試管嬰兒 她們抱孩子登記：媽媽今天結婚喔（6,768 次互動）
17. 中央社》台灣同婚登記首日 艾倫狄珍妮絲推文送祝福（6,691 次互動）
18. ETtoday》影／同志今天結婚！ 伴侶最重要的「婚假、收養、報稅」一次看懂（6,483 次互動）
19. 聯合》影／同婚首日！陳雪：手續 3 分鐘 同志走了幾十年（6,456 次互動）
20. 自由》嘉縣水上戶政所 受理首對同性婚姻登記（6,199 次互動）
21. ETtoday》影／「台灣同志勝利」激起隆 LGBTQ 情緒 他在飛機哭到空姐來關切（6,052 次互動）
22. 自由》苗縣第 1 對同婚登記 從「奇冠」變「家屬」（5,433 次互動）
23. 聯合》花蓮 4 對同婚新人登記 單親媽媽與軍人結連理（5,272 次互動）
24. 自由》歡聲奪良緣 基隆首對同婚暖暖完成登記（5,185 次互動）
25. ETtoday》快訊／艾倫挺台同婚祝福！蔡英文「撂英文」親回：愛最大（5,023 次互動）
26. 自由》台南永康 8 對預約同婚登記 護理師佳偶搶頭香辦理（4,496 次互動）
27. 新頭殼》專訪尤美女》同婚專法險過不了…原來是「他們」感動了綠委（4,238 次互動）
28. 自由》華航、長榮員工眷屬免費機票 同性配偶同權適用（3,982 次互動）
29. 鏡傳媒》【同婚上路】艾倫推文慶台灣同婚 大讚「亞洲首個合法國家」（3,968 次互動）
30. NOWnews》亞洲第一！內政部：2 小時完成 166 對同性婚姻登記（3,957 次互動）

31. 自由》美脫口秀主持人艾倫稱台灣「國家」！讚揚通過同婚法（3,939 次互動）
32. ETtoday》同志登記結婚權益看這裡！ 一張表讓你秒懂（3,738 次互動）
33. ETtoday》首家銀行挺同婚！ 刷卡現金回饋 5.24%、同婚成家房貸優惠（3,725 次互動）
34. ETtoday》彩虹同婚 / Selina 見證同志結婚爆哭！粉世界尊重：愛不分性別（3,672 次互動）
35. 中央社》同婚登記上路 夫夫妻妻邁出偕老第一步【圖輯】（3,542 次互動）
36. 風傳媒》Google 對跨性別員工有多尊重？她分享：來到這裡最特別的事，就是不需刻意改變自己的聲音（3,452 次互動）

【其他網友關注新聞】

1. ETtoday》韓國瑜鬆口「心中有下任市長人選」 議員：求您辭職參選給痛快（5,447 次互動，整體 30,862 次互動）
   I. TVBS》高雄不要落跑市長 黃捷批韓「過水政客」玩弄 89 萬市民（5,137 次互動）
   II. 三立》高雄人怒！韓國瑜有「市長人選」...網轟嗆張：我變免洗碗筷（4,856 次互動）
   III. 中時》韓殺手鐧在這？網：民調會再衝一波（4,367 次互動）
   IV. 蘋果》韓國瑜爆前朝仍遙控文化局 中央打韓小組「要給我出洋相」（4,337 次互動）
   V. 自由》高雄變免洗碗筷？韓鬆口有「新市長人選」 高雄人怒了！（3,553 次互動）
   VI. 蘋果》韓國瑜鬆口談高雄市長補選 「有人選但不成熟」（3,165 次互動）
2. Yahoo》瑞典大報認「台灣是國家」遭中國抗議！總編回嗆：絕不修改（13,289 次互動，整體 30,761 次互動）
   I. 三立》韓國瑜又草包！稱「瑞士非聯合國」 人渣文本：應該先孤狗（8,569 次互動）
   II. 新頭殼》韓國瑜指瑞士非聯合國會員可效法 周偉航：講大話前先孤狗（4,493 次互動）
   III. 蘋果》繼「瑜公移山」再出糗！ 韓國瑜指「瑞士非聯合國會員會」（4,410 次互動）
3. TVBS》後悔替韓輔選 楊秋興：YES I DO 很噁心（5,992 次互動，整體 26,924 次互動）
   I. ETtoday》專訪楊秋興 / 打臉韓國瑜「還是好朋友」他怒了：太噁心，快退初選（5,001 次互動）
   II. 聯合》楊秋興抨韓國瑜將仇報後 確定辭高市兩岸工作小組（4,883 次互動）
   III. TVBS》和韓國瑜鬧翻？楊秋興請辭高市兩岸小組召集人（4,121 次互動）
   IV. 自由》韓國瑜早上說「還是好朋友」 楊秋興下午辭高市府兩岸小組（3,408 次互動）
   V. 蘋果》韓國瑜不放人 楊秋興請辭高市兩岸小組副召集人被慰留（3,519 次互動）
4. 自由》議員要求多讀點書 林姿妙：王永慶只有國小畢業（14,749 次互動，整體 23,680 次互動）
   I. 自由》議員傻眼！質詢問「蘭青庭」 林姿妙暗答「竹蜻蜓」（8,931 次互動）
5. 新頭殼》「受了很大委屈」 賴清德：希望韓國瑜看到我的堅強（6,505 次互動，整體 18,590 次互動）
   I. 新頭殼》賴清德最後一招？名嘴教他「絕食」：蔡英文「保證崩潰」...（4,503 次互動）
   II. 上報》【還原密室現場】賴清德一人滔滔不絕情緒極不穩定 林錫耀嗆：這也是改規則！（3,146 次互動）
6. 三立》韓流一再發威？愛河又變色...今成「青蘋果牛奶」（7,100 次互動，整體 14,154 次互動）

I. 自由》韓市長凍未條要賣土地了 網友批：藍軍兩套標準（4,253 次互動）

II. ETtoday》高雄 200 年古厝遭剷平！區公所阿姨爆哭：被騙了　劉家後代看廢墟愣住（3,970 次互動）

III. 三立》才將列古蹟！高雄 200 年古厝遭拆　前議員怒：只想發大財（3,267 次互動）

7. 自由》插畫家 kuso 畫風「頻踩線」小英總統竟真的換 IG 頭貼了（14,125 次互動）

8. 中時》黃光芹罵警政署長「吃屎的」葉毓蘭：公然侮辱（5,855 次互動，整體 9,643 次互動）

I. 聯合》黃光芹飆罵警政署長「吃屎」葉毓蘭：讓警察有辦案空間吧（3,788 次互動）

9. BuzzOrange》六四學生領袖吾爾開希，想跟文明的台灣人說：「你們嚮往中國是瘋了嗎」（8,192 次互動）

10. 自由》上任才 4 天近 5 萬人請願要求烏克蘭諧星總統下台（7,699 次互動）

11. 風傳媒》夏珍專欄：監察院的「茶壺黨爭」，還要再忍幾個月？（7,447 次互動）

12. 自由》回心轉意？薩爾瓦多準副總統：不排除與台恢復邦交可能性（7,105 次互動）

13. 關鍵評論網》要和挺同立委及黃國昌「直球對決」，安定力量宣布組黨參戰 2020 選舉（7,008 次互動）

14. 中時》隱藏版韓粉吐心聲 住高雄 20 年來唯一欣慰的事（3,202 次互動，整體 6,354 次互動）

I. 蘋果》自曝網軍自首韓可賺錢　韓國瑜：這樣的民主有何意義（3,152 次互動）

15. 自由》升級版沱江級軍艦今開工 加裝海劍二飛彈火力超強！（5,808 次互動）

16. 聯合》桃園破近年最大 K 他命製毒工廠 高品質製程調查員也傻眼（5,386 次互動）

17. 新頭殼》挺卓堅持初選制度 羅文嘉：人煙稀少這條路一定陪你（5,063 次互動）

18. ETtoday》一通電話浪浪安息！北北基寵物「免費善終」　送無主路死犬貓最後一程（4,241 次互動）

19. 中時》張善政批蔡英文政府「債留下一代、利留自己口袋」（4,163 次互動）

20. 三立》一張表揭韓國瑜 9 年立委發言率曾掛 0　他轟：能蒙混就亂掰（3,800 次互動）

21. 自由》悲歌！苗縣石虎路殺再添一例（3,323 次互動）

22. 三立》死豬漂金門！驗出「非洲豬瘟」　金門豬肉品暫停輸台 1 周（3,189 次互動）

資料來源：Sola Media 大數據團隊。

圖　　說：522 這天是蔡英文、韓國瑜二人網路聲量上下翻轉的一天，這張圖可以看出「同婚合法」為蔡英文加分許多，來自國內外媒體的報導和讚聲，讓蔡英文的網路聲量首次超越韓國瑜。

有 36 篇（見圖 5），第一時間，美國脫口秀主持人艾倫讚揚台灣成為亞洲第一個通過同婚法的「國家」，被網友形容這是花幾億元都買不到的外交公關，不但國內外影藝人士紛紛表態支持，連銀行都祭出「同婚成家房貸優惠」……網路上（按讚、留言加分享）整體高達 362,583 次互動量。網友把同性婚合法功勞直接灌在蔡英文臉書，當天有 514,497 的聲量分數。

也是同一天，才就任高雄市長不滿 5 個月的韓國瑜鬆口「心中有下任市長人選」，「過水政客」標籤上身，「媒體寵兒」韓國瑜同時又說「台灣可以向瑞士學習成為中立國」因為台灣不是聯合國會員，「瑞士也不是」，此話一出，機伶的網友立刻強化韓國瑜的「草包」形象，韓國瑜網路聲量下跌至 379,173 分，創下 2019/5/8~2019/9/25 最低聲量紀錄。

一直以來被藍、綠視為總統大位競爭者最大隱藏對手的台北市長柯文哲，網路聲量雖然穩居第三，但一直在網友不怎麼關心的低檔區徘徊，且直到 2019 年 8 月 7 日宣布組黨，雖為他的新聞量打下基礎，加上宣布組黨後，和郭台銘合作選統總的傳聞，又再度為柯文哲在網路的外部

討論度（不是只有自己粉絲頁上的網友討論，還有其他媒體粉絲頁上也有網友關注和討論，當然也一定會有負面聲量）向上推了一把。

Vote 一個不小心，網紅金童從誕生到墜落也不是不可能

　　曾經在網路討論度上制霸的柯文哲，自然深知趨勢製造聲量的重要性，有了「和台灣首富一起選總統」的話題之後，也許是沉寂太久，創「台灣民眾黨」前夕（2019/8/5）柯文哲攻擊火力全開，「自己在 2016 年 1 月 16 號是支持總統蔡英文的，可是蔡英文怎麼把國家搞成這樣子？柯文哲質疑蔡英文：『妳沒有貪汙，可是旁邊的每個都貪汙不是嗎？』」（《工商》、《中時電子報》2019/8/5）

　　創黨、和首富一起選總統、罵現任總統這三大事件，讓柯文哲在 8 月上旬的新聞曝光量多了 3 倍，引起的關注也多了 2 倍。可惜的是，原本以為素人隨性式的發言風格（柯式語言的新鮮感），可以得到年輕網友的再度青睞，

圖 6 過去一週政壇形勢分析（0801-0807，1-20 名）

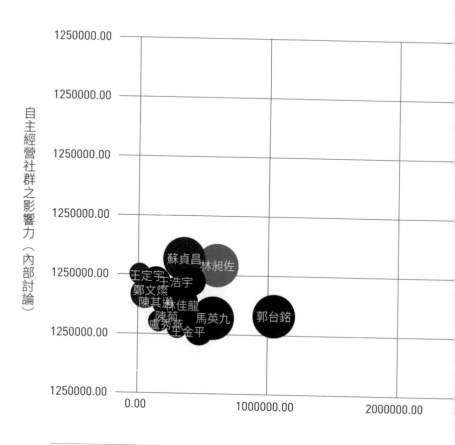

資料來源：Sola Media 大數據團隊

圖　　說：創黨、和首富一起選總統、罵現任總統這三大事件讓柯文哲在 8 月
上旬的新聞曝光量多了 3 倍，引起的關注也多了 2 倍，網路聲量上
一度與蔡英文、韓國瑜形成「三腳督」態勢。

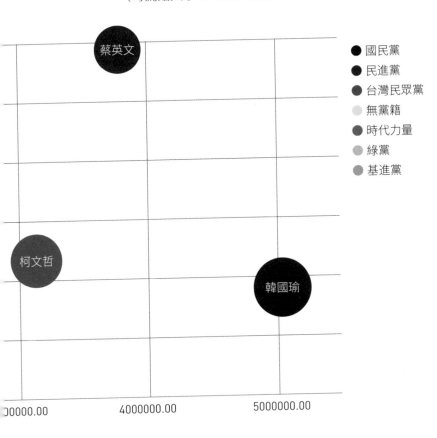

圓圈大小＝自主經營社群之文章品質
（每篇貼文水平均社群影響力）

● 國民黨
● 民進黨
● 台灣民眾黨
○ 無黨籍
● 時代力量
○ 綠黨
● 基進黨

蔡英文

柯文哲

韓國瑜

|0000.00　　　4000000.00　　　5000000.00

非自主經營社群之影響力（外部討論）

從數據上看，顯然只是曇花一現，8 月 14 日之後網路上關注的焦點又回到藍綠兩大陣營，柯文哲的聲量持續探底，急壞一票柯鐵粉，此時也可以看出，就算原先累積龐大的網路聲量（最高時甚至曾經有 250 萬柯粉同時關注阿北的臉書動態），若是主角太靠勢，樹倒猢猻散的情形也不是不可能發生。

下面這個例子，是 10 月 2 日香港反送中事件，發生港警近距離實彈射擊一名 18 歲學生新聞後，台灣媒體記者訪問柯文哲的內容：

記者：反送中對年輕人開槍，是不是走到了不可收拾的局面？

柯：第一點，以醫生的立場，當然立刻問說那個被打到的學生……我們要先關心那個學生厚，開那一槍到底……哇，這個老實講，以我們幹過外傷的，不小心打到大血管或心臟，當場就斃命了。所以說香港是台灣的鄰居，又是亞洲金融中心，其實香港的重大變動會影響到台灣，這第一點。那第二點是這樣啦，做為人類，總是關心另外一個人類的安危嘛，

那由醫生的立場，今天早上幕僚跟我報告，結果我第一句話是問說啊那個有沒有生命危險，有時候職業病，就問說打哪裡，啊是這樣啦，一個學生被警察開槍，這聽起來就很聳動你知道厚，那我們還是關心那個學生的健康安危啦厚，不過還好聽說沒有生命危險嘛厚，但是這樣啦，這種紛擾一下去，難免擦槍走火，所以我也覺得實在是很危險，你想想看，如果昨天那個學生被打死了，哇～～這個今天一定是世界頭條。

然後所以我說厚，這個北京政府在處理香港問題，還是要面對問題啦，我一再呼籲你知道厚，年輕人會不滿上街頭，一定是他有憤恨嘛……

據我所知啦，香港的高房租高房價，這已經變階級剝削了，就是那個沒有房子的人，所以有時候我們看香港，要想說我們台灣的高房租房價要小心。

所以絕對不要相信說，200 萬的人民，一個 700 萬的地區，有 200 萬的人民會為一條法律條文上街頭，不可能。

它一定是有一個潛在的憤恨不平嘛，所以我覺得北

京政府在處理香港問題，還是要面對事實，這民怨到底是什麼厚，要去深層的去面對問題，去解決厚，不要老是就說啊這是 CIA、這是台獨、這是港獨合作，不然你有辦法，看你有沒有辦法去紐約搞 200 萬人的遊行，這不可能嘛。

記者：昨天統促黨在台北市車站前面來辦活動，然後呱吉就在臉書上罵說市府沒有作為，雖然舉牌了四次，但已經讓他們演講完了耶……。

柯：唉，我跟你講，昨天警察局長問我說這怎麼辦，我說依法行政啊，是這樣啦，如果有那個舉牌一次、兩次，他一定這樣……但我跟他講三次就可以驅離了，不過他說我第三次和第四次只差一分鐘厚。

不過我是這樣啦厚，台灣還是一個法治國家，所以我覺得這樣，要嘛修改法令，如果沒有修改法令，我還是交代警察同仁依法行政，因為我們還是希望說……所以這樣啦，如果他來申請，不行，不行就不行，不行有不行的處理方式，所以我們應該是這樣啦，你可以指責台北市有沒有依法行政，但是不要……但是你不能要求我們超越法律去作為啦。

這樣的對話，加上特定陣營媒體的斷章取義「這種紛擾一下去，難免擦槍走火」，這樣的標題一下，再加上「1450」在網路上搧風點火，我們幾乎可以看到一個政治網紅如何因為自爆從誕生到墜落的過程。

Vote 郭台銘從傳統媒體出發到網路世界的曇花一現

再看台灣首富郭台銘在網路世界的表現，從數據上看到 9 月 18 日郭台銘的網路聲量來到歷史新高第二名，而且外部討論超越蔡英文。（見下頁表 1）

宣布退出國民黨的郭台銘，普遍被預期的下一步應該就是「選總統」，就在中選會受理總統、副總統選舉被連署人申請的前夕深夜 11 點，郭台銘無預警發出「不選」聲明，從這段期間內，郭台銘相關新聞所造成的蓋版效應，包括蔡英文、韓國瑜、柯文哲三人的社群互動都大量下跌，光是郭台銘退黨和棄選的新聞量，9 月 12、13 兩日就有占過半的 50 篇熱門新聞，以及 358,676 次社群互動量，

表1 蔡、郭、韓、柯 2019/9/5~9/11、2019/9/12~9/18 連續兩周熱門新聞及主群互動量的比較圖

	蔡英文		郭台銘		韓國瑜		柯文哲	
	熱門新聞篇數	社群互動次數	熱門新聞篇數	社群互動次數	熱門新聞篇數	社群互動次數	熱門新聞篇數	社群互動次數
9/5~9/11	35	217,466	45	198,787	201	1,212,695	37	201,109
9/12~9/18	40	142,964	95	650,973	80	388,937	20	90,617
消漲	5	**-74,502**	50	452,186	**-121**	**-823,758**	**-17**	**-110,492**
消漲比例	14.29%	**-34.26%**	111.11%	227.47%	**-60.20%**	**-67.93%**	**-45.95%**	**-54.94%**

資料來源：Sola Media 大數據團隊。

圖　說：郭台銘在 9/12～9/18 這七天不論新聞篇數或是社群互動次數，有三天攻上榜首，整周 468 篇政治社會類熱門新聞中郭台銘就占了 95 篇，更是第一次在某一特定時間內新聞總量超越韓國瑜，這是所有政治人物在 2020 選戰中從未到達的高度！

可以看出不僅各選舉團隊陣腳大亂，媒體、網友都沸騰了。

　　從下頁這張「政壇形勢分析圖」（圖7）的走勢，可以看出蔡英文在網路上的支持者以「英粉」居多，韓國瑜的韓粉除了在自己的社群媒體上表態之外，更勇於在網路上四處征戰，在各個社群媒體上捍衛韓國瑜，特別當競爭對手愈是攻擊、打壓時，韓粉的戰鬥力就愈強，實際的例子就是2018年底九合一大選末期，韓國瑜聲勢如日中天，當民進黨傾全黨之力打韓國瑜一人時，反而讓韓國瑜在高雄市長一役大勝陳其邁15萬票。

　　再看郭台銘，郭台銘的聲量在9/12~9/18這段期間「長胖又長高」（郭聲量原本位左下角，期間內不論橫軸或縱軸都較前兩周向外擴張）的主要原因是發表了兩大聲明：退出國民黨、不參加2020總統選舉，但在此之前和之後的那周聲量，郭台銘、柯文哲、王金平所謂的「第三勢力」在網路上的聲量並未形成足以和藍、綠兩大陣營相抗衡的「三腳督」，如果當時他們有看到這張「政壇形勢圖」，應該能做出更好的判斷。

圖7 9/12~9/18 蔡、韓、郭、柯政壇形勢分析圖

圓圈大小＝自主經營社群的貼文品質（自主經營社群貼文平均影響力）
● 9/12~9/18（本週）　● 9/5~9/11（上週）　● 8/29~9/4

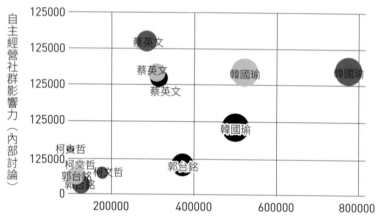

資料來源：Sola Media 大數據團隊。

圖　說：紅色圈圈代表的是 9/12~9/18 的網路聲量，由「自主經營社群」（自己的官方粉絲頁上的社群討論）、「非自主經營社群」（也就是其他社群媒體的討論）這兩個維度所形成的「線上陣型」，舉例來說，就像是打戰時各陣營所在的位置，只有清楚了自己在戰場上的優、劣態勢，才能更清楚的知道這場戰該如何打。

這張圖可以看出 9/12~9/18 郭台銘的網路聲量表現，雖然是第三名，但包括柯文哲、王金平在內（位於左下角，網路聲量接近於「零」的地方）所謂的「第三勢力」在網路上的聲量仍未形成足以和藍、綠兩大陣營相抗衡的「三腳督」，隨時有被第一、第二名碾壓的可能。

Vote 網路聲量，是大選得票結果的先行者

　　前面談的是網路聲量，最能即時反應當下政治氛圍及選民的自主意願，候選人可以透過科學的方式擬定競選策略與方向，並且依此調整自己的選戰策略；因此，近年來，除了傳統的電話民調、手機民調之外，運用社群媒體大數據來做選舉結果預測，也是一股新的、而且具有一定可信度的方式，就是所謂的網路民調。

　　通常，相關業者會蒐集當地主要社群媒體網路聲量，進一步分析推估選舉可能的得票結果。當然，為了提升預測的準度，不同國家會有不同的資料來源管道。在台灣，目前仍然還是以臉書為主要管道，而在一些歐美國家，來自推特（Twitter）的資料，可能會更精確地反映出民眾心中真實的想法。

Vote 大數據掌握選戰瞬息萬變的節奏

　　拿 2016 年總統大選來說，下頁圖中（圖 8）呈現出在投票前兩日，各個候選人的正面網路聲量或是正面參與討論的人數比例，都與最後實際得票率相差不超過 2%，這也顯示了大數據確實在選戰上具備一定程度的參考價值。

　　大數據的另一個優勢在於速度，傳統民調需要 2~3 天的時間執行抽樣與電話訪查，而大數據資料能夠即時地反映出當下民眾的反應，選舉團隊就能夠更快地針對特定事件做出判斷或回應，更符合選戰瞬息萬變的節奏。相信隨著資料處理技術的進步，未來大數據在選舉中扮演的角色將會越發吃重。

圖 8 2016 年總統大選網路聲量與得票率比較圖

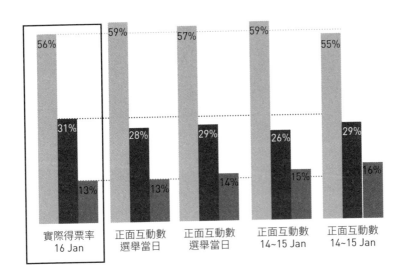

資料來源：同溫層數據。

圖　　說：圖中呈現出在投票前兩日，各個候選人的正面網路聲量或是正面參
與討論的人數比例，都與最後實際得票率相差不超過 2%，這也顯
示了大數據確實在選戰上具備一定程度的參考價值。

Chapter 3

團隊的賢與能

選舉迷人的地方就在於,你覺得誰做得爛,你就能把他換掉,用選票達成一場不用流血的革命。但臨時組成的一群人,要怎麼在幾個月的選期中,把候選人推上冠軍寶座?關鍵在於一群由烏合之眾組成的競選班底!

大團隊：政黨

Vote 候選人怎麼產生？

拉幫結派成為候選人，需要有「老大」性格

　　13 世紀的英格蘭，出現了世界上最早的代議民主制度，經過了幾百年的發展，變成我們現在最熟悉的民主制度。對每個在台灣出生長大的人來說，民主就是投票選舉，選出鄉鎮市民代表、議員、立委、縣市首長與總統，讓這些少數人「代表」全體民眾，掌握政治權力來推動公共事務。

　　在代議民主制度發展日漸成熟的過程中，一群可能有著共同利益、情感、種族或是理念的人們相互合作，組成志同道合的聯盟，進而實現自己的目標，或是牟取更大的利益，這就是現代政黨概念的前身。

這種概念在中華文化裡也是屢見不鮮，「拉幫結派」更是大家耳熟能詳的名詞。從「幫派」的概念來說，一定會有個頭頭，作為「老大」帶領幫派蓬勃發展。「老大」可能是由幫派中最孔武有力，或是最有智慧，也可能是最有錢的那個人來擔任。

而在現代民主國家，政黨最重要的任務，就是推派出能夠獲得大眾認同，並且贏得選舉的候選人，才能進一步掌握權力，將政黨理念付諸實現。民主國家的政黨，要如何找出最有勝選希望的人，代表政黨參加選舉，就是一門學問，也是一門政治的藝術。就用這幾年總統候選人當例子來說明吧！

第一種候選人產生的方式，可以說是間接中的間接。就像代議民主制度一樣，政黨越發展越龐大，也會產生政黨內部的代議制度，如黨代表、中央委員之類的，代替其他黨員行使某些特定的權益，推出候選人。1996 年，第一次的總統直接民選，代表中國國民黨參選的李登輝前總統，便是透過全國黨代表大會的推舉支持，成為當年國民黨的候選人。

第二種方式，相較第一種來說，會讓每個黨員都比較

有參與感一點，不再只是少數的黨代表或委員享有推舉候選人的權力，而是由全體黨員來決定，這種方式也比較符合我們現在對於民主制度的理解。在 1996 年的同場選舉，民主進步黨首次採用二階段初選，其中第一階段就是幹部評鑑與黨員投票，刷掉了尤清與林義雄兩位參選人，由彭明敏跟許信良進入第二階段的政黨初選。

▨▨▨ 民調成為顯學？問題可大著呢！

第三種方式，就是近年大家最熟悉的民調了。既然推出候選人就是要贏得選舉，最直觀的作法就是透過民調，找到能拿到最多選票的那個「對的人」，不就什麼問題都沒了嗎？但這幾年，相信關心台灣政治發展的大家，一定不難感受到「民調」才是其中最大的問題。

用民調找出候選人，聽起來是一種比較科學也比較民主的方法，但會影響民調結果的因素太多太多，而這些因素就變成這幾年我們在新聞媒體上看到的政治秀。

就拿 2019 年國、民兩黨的總統初選民調來說，蔡英文

還沒從 2018 年縣市首長的挫敗中復活,就使出拖字訣,從對比還是互比、手機還是市話,拖到要不要納入柯文哲,用時間換取空間,爭取自己最大的勝算。當然,國民黨也不遑多讓,從朱立倫一個人表態要選,到榮譽黨員郭台銘也要一起參加初選,這也是各方政治角力與盤算的結果。

再以國民黨 2018 年台南市長選舉為例,由於民進黨執政不力、大環境不佳,整個台南的政治氛圍就像戰國時代群雄並起,都想取而代之。在國民黨的角度,只要能拿下台南市長大位,就有翻轉整個台灣長期被民進黨執政的機會,因此,光是藍營就有前台南大學校長黃秀霜、前台南市警察局局長陳子敬和前行政院政務委員高思博有意角逐。

九合一大選日期是 2018 年 11 月 24 日,民進黨早在當年 3 月就已確定由黃偉哲代表參選,而國民黨直到 5 月 22 日才透過全民調方式,由高思博代表參選。就像前面說的,以「民調結果」找出候選人是一種比較科學和民主的方式,但還是會有人不認同民調結果,前台南市警察局局長陳子敬直到縣市長選舉登記前 3 天,才宣布「聰明的戰

士要選擇適當時機離開戰場」正式退出選戰，雖然讓國民黨鬆了一口氣，但期間關於分裂的說法從未停過，自然也對選情造成影響。

靠連署參選總統，在台灣還沒有成功者

最後一種，民主制度當然不能限制人民一定要有政黨才能參政，每個人享有同等的參政權是很重要的。今天，如果你想選總統，但是還沒組成政黨，或是你的黨不支持你也沒關係，只要繳交保證金，又達到連署門檻，一樣還是能成為總統候選人，這就是民主制度留給大家的一盞明燈與後路。

但為了避免太多人參選，造成勞民傷財的結果，達連署門檻還是有一定的難度，目前法定門檻是最近一次立法委員選舉人總數的 1.5%，以 2020 大選來說，門檻就是 280,384 份，說起來也不是一件容易達成的目標。順帶一提，從第一次總統民選到現在，6 屆總統大選有 25 組人馬試著用連署方式成為候選人，只有林洋港、陳履安、宋楚瑜（2000、2012 年）和許信良成功跨越過門檻，但到目前

為止，還沒有用連署方式參選的候選人贏得大選過。

V_ote 民主政黨的初選，能信嗎？

在民主大國美國，不乏我們所熟悉的政治世家，如甘迺迪家族、布希家族，家族多位成員都在政治圈內有一定的影響力，也都當選過美國總統。當然，更有靠著雄厚財力的前紐約市長彭博（Michael Bloomberg），不領政府任何一分薪水，還自掏腰包投資市政，根據統計，彭博在 12 年市長任內，倒貼了紐約市近 195 億台幣。

到底怎樣才能成為一個能贏得選舉的政治人物？要有雄厚的財力、顯赫的家世背景、豐富的學問，還是有著一顆熱忱的心就足夠了呢？其實這幾年來，國際政壇的趨勢好像不是如此，不只要有錢還要夠狂，不只要年輕還要夠帥，不只要形象清新還要夠有學問，這樣的人彷彿才是現今政壇的主流趨勢，非典型政治人物才是能贏得選票的天選之人。

其實，素人並不是這幾年才活躍在政壇上的，但通常

這樣非典型政治人物的出現，卻都有著極為相似的社會背景脈絡。

90 年代，正當台灣錢淹腳目的時候，隔壁的日本卻正遭逢嚴重的泡沫經濟破裂，許多日本人資產被套牢在房屋、土地或是股市中，所有資產在一夕之間都成了「負資產」。在這樣的社會氛圍下，民眾對政府的不滿情緒持續累積，尤其是對長期執政的自民黨。這種因為經濟問題衍生的不滿情緒，演變成一種對於傳統政治人物的不信任，也成為了非典型政治人物參政的舞台要素。

再來，選舉民主制度發展這麼久，一般民眾開始覺得政治人物說話都跟一般人不同。從正面的角度來解讀，政治人物說話或發表意見，總是圓融得體，哪邊都不得罪，畢竟手心手背都是肉，正面反面也都是票，當然要站在中間，爭取自己的選票最大化；但用比較負面偏激的角度來看，傳統政治人物說話就是官腔官調，從來不對問題做直接的回答，貫徹說了等於沒說的談話藝術。

久而久之，沒有包袱的素人，反而更能跟一般民眾產生共鳴，特別是在現今社群媒體的推波助瀾下，素人成為政治網紅，進一步參政取得勝選的例子所在多有。這樣的

情況，與其說是素人比較討喜，更應該說是傳統政治人物的調性已經被聰明的民眾看透了，轉而投向跟自己比較類似的素人懷抱。

最後，歷史經驗總是告訴我們，一個朝代的結束，總是伴隨著貪汙腐敗的事情，糟糕的施政與醜聞，也是促成素人參政的契機。選舉迷人的地方就在於，你覺得誰做得爛，你就能把他換掉，用選票達成一場不用流血的革命。如 2016 年當選的冰島總理古德尼・強納森（Guðni Jóhannesson），以及 2019 年剛當選的烏克蘭總統佛拉迪米爾・澤倫斯基（Volodymyr Zelensky），都是在原先執政者捲入巴拿馬事件及國內貪汙、政黨惡鬥的情況下，以素人的清新形象取得社會大眾信任，最後贏得大選。

類似的素人參選也發生在台灣，2018 年底九合一選舉，台南市長的選戰中，一共有六位候選人，同樣也是對執政者長期的不滿，群雄起義結果形成爆炸性參選，其中又以「虧雞福來爹」林義豐的素人形象最為鮮明。

2017 年底，沿高速公路進入台南可以看到一面又一面令人印象深刻的競選廣告看板，不是說這個看板有多漂亮、口號有多響亮，而是遠遠的就可以看到一名光著上

半身、且年近古稀的老人家說要選台南市長，當時，沒有人相信這位老先生是玩真的。直到 2018 年 7 月，一支「虧雞福來爹」（Crazy Friday）的影片在網路爆紅，不斷比出「7」手勢的林義豐，這位 70 歲 CEO 開始受到年輕人的注意關注，在網路上締造超過 700 萬人次的點閱紀錄……，上遍各大政論節目，一時間從台南紅到全台灣。

除了提出台南市南區南山公墓遷葬計畫（但當時根本沒有人真的討論這項遷葬計畫是否真的執行），最重要的，還是一連舉辦兩場瘋狂星期五音樂節，讓沉悶已久的台南年輕人周末假日有了可以發洩多餘精力的地方（在此之前，留在台南讀書或工作的年輕人並沒有屬於台南當地的夜生活，去夜店？台南是古都啊！只能往高雄跑），光是瘋狂音樂節的舉辦，在當時的網路聲量上就打趴其他五位台南市長參選人，典型的「沒有陸軍，靠空軍贏得關注」的素人參選模式。

幾個素人因為網路參選成功的案例，到了 2019 年更瘋狂。包括基進黨的陳柏惟第一次選立委就挑戰中台灣極具地方勢力的顏寬恆，不管成功與否，都足以一戰成名，為下一次的選戰儲備更高的能量、累積更多的政治資源。

下面這張「新人參選立委聲量排行榜」可以看出，這些第一次挑戰立法委員的新人們，共同的特色就是年經，而且網路聲量遠遠大過被挑戰者，又是一個典型的空軍挑戰陸軍、網路挑戰組織的對戰模式，輸了也沒關係，但贏了，可以一炮而紅。新人挑戰艱困選區是正確的選擇，上一屆時代力量的黃國昌、洪慈庸、林昶佐，都是素人挑戰艱困

圖1 新人參選立委聲量排行榜
(2019/9/19-2019/9/25)

名次	候選人	名次	主要對手
19	陳柏惟（基）	79	顏寬恒（國）
27	賴品妤（民）	128	李永萍（國）
		207	賴嘉倫（時）
39	吳怡農（民）	104	蔣萬安（國）
41	林佳新（國）	94	蔡其昌（民）
43	徐立信（民眾）	31	林昶佐（無）
		198	林郁方（國）
48	高嘉瑜（民）	183	李彥秀（國）

Sola Media 大數據團隊製編

資源來源：Sola Media 大數據團隊。

表 1 近年國際間及台灣「素人」當選政治首長時空背景一覽表

時間	姓名	職位	原職業	當選原因
1995 年	青島幸男	東京都知事	作家兼演員	90 年代泡沫經濟破裂，加上長期執政的自民黨內鬥。[1]
1995 年	橫山ノック	大阪府知事	搞笑藝人	90 年代泡沫經濟破裂，加上長期執政的自民黨內鬥。
2003 年	阿諾·史瓦辛格（Arnold Alois Schwarzenegger）	加州州長	好萊塢演員	加州政府嚴重赤字。
2014 年	柯文哲	台北市長	外科醫生	
2015 年	吉米·莫拉雷斯（Jimmy Morales）	瓜地馬拉總統	喜劇演員	反對貪腐、支持死刑的訴求獲得支持。
2015 年	賈斯汀·杜魯道（Justin Trudeau）	加拿大總理（43 歲）	政治世家、政治人物	

時間	姓名	職位	原職業	當選原因
2016 年	杜特蒂 （Duterte）	菲律賓總統	律師、政治人物	
2016 年	古德尼·強納森 （Guðni Jóhannesson）	冰島總理	歷史學家	因原總理涉入「巴拿馬文件」決定參選。
2016 年	唐納·川普 （Donald Trump）	美國總統	企業家	草根民怨、中西部生活變差。
2017 年	艾曼紐·馬克宏 （Emmanuel Macron）	法國總統 （39 歲）	投資銀行家	
2017 年	塞巴斯蒂安·庫爾茨 （Sebastian Kurz）	奧地利總理 （31 歲， 已於 2019 年 5 月下 台）	政治人物	外表出色，後因伊維薩事件下台[2]。
2018 年	韓國瑜	高雄市長	前立法委員	首創直銷式競選策略。

註：
1　根據早稻田大學教授田中愛智的研究，日本「不支持特定政黨的選民團體」在 90 年初期大約三成，而自民黨內亂倒台後，95 年一口氣暴增到五成，日本政治的「無黨派層」從此變成流行語。
2　就是奧地利的通俄門事件。https://www.france24.com/en/20190523-austrias-ibiza-gate-video-what-we-know

時間	姓名	職位	原職業	當選原因
2019 年	佛拉迪米爾·澤倫斯基（Volodymyr Zelensky）	烏克蘭總統	喜劇演員	俄羅斯問題、東部的分裂勢力、經濟不景氣和失業率高、貪汙普遍和政黨鬥爭。
2019 年	鮑里斯·強森（Boris Johnson）	倫敦市長（2008～2016）英國首相（2019）	由記者從政，自國會議員做起	簡單口號與反貪腐反菁英壓迫的訴求。民粹主義的浪潮。

說明：素人、狂人從政的例子，柯文哲不是第一例；90 年代，正當台灣錢淹腳目的時候，隔壁的日本卻正遭逢嚴重的泡沫經濟破裂，這種因為經濟問題衍生的不滿情緒，演變成一種對於傳統政治人物的不信任，開啟了非典型政治人物登上政治舞台的序幕。

現在，要成為政治人物，不只要有錢、還要夠狂；不只要年輕、還要夠帥，不只要形象清新還要夠有學問，企業家甚至搞笑藝人都有可能，中外皆然。

選區，而且成功當選，贏了全拿。

　　說了這麼多，其實素人參政真的不容易，至少像你我這樣在茫茫塵世為五斗米折腰的素人是沒有任何機會的。要成為一個能贏得選舉的素人，至少要先有一定的知名度，或是有一定的社會地位，一份值得讓人信賴的工作，你才具備成為「素人」的基本資格。如果有志改變社會，改變政局的各位，快快從現在開始努力吧！

Vote 黨政資源仍有必要？

　　白色力量固然清新，但有無執政能力？沒被驗證過！柯文哲的驚險連任算是白色力量的通過檢驗了嗎？新政黨、新聯盟及素人，無執政經驗卻在全球連戰皆捷，但隨即帶來的是執政災難。

　　2014 年政治素人柯文哲以 57.16% 的得票率贏得政治世家之子連勝文，不但顛覆台北市以往藍大綠小的政治版圖，更讓人們重新檢視「政黨資源在選舉中是否真的具備

無可取代的重要性」？

▨▨▨ 選舉，一場讓政黨變調的遊戲

　　回答這個問題之前，要先釐清的是政黨和選舉的關係，台灣的民進黨和國民黨成立的過程都是屬於「列寧式政黨」是剛性政黨的一種，剛性政黨的組成本身並不是為了選舉而產生，比較是為了某種主張、某種運動而組成，當國民黨及民進黨在台灣有執政經驗之後，為「選勝」的決策考量就愈來愈明顯，這也是為什麼民進黨在執政 20 多年之後，被質疑愈來愈像國民黨的原因。

　　原本應該是為黨的主張和理念而做出決策的「黨中央」或「黨團」，一旦成為以「選勝」為核心目標的「選舉型政黨」之後，就會看到不管是內閣制國家的英國或總統制的美國，不論是英國首相強生或是美國總統川普，他們都是透過選舉產生的國家領導人，但我們通常不知道他們的選舉操盤手是誰，或是政黨黨主席是誰（在英國，其實就是他們的首相），但難道美國的政黨沒有黨主席嗎？

　　從影集《紙牌屋》可以看到原來他們有「提名委員會

主席」，提到黨裡面有哪些人、掌握到哪些資源，也可以清楚的看到這些政黨是依賴著選舉而產生的，政黨的產生正是為了選舉的考量而產生。

台灣的政黨是屬於列寧式政黨，也就是所謂的「剛性政黨」，他們的決策單位是黨主席、中常委，特別是掌握權力核心的祕書長，就像中國共產黨的總書記。他們本身就不是為了選舉而成立的政黨，國民黨當初成立時是為了推翻滿清、為了革命；民進黨是為了改變「戒嚴」，兩個政黨在成立之初根本不是為了「選舉」這件事。

國民黨來到台灣後，記取在中國大陸失去政權的教訓，認真發展組織，甚至想要效仿共產黨成立「街道書記」，連巷口大媽都可以是為黨工作、訓練有素的組織人員。

為選票世俗化的政黨，就有永遠查不到的金流

隨著時間的演變，這些政黨開始執政時，就會為了「選舉」而「世俗化」，特別是因為「選舉」掌握政權、

嘗到權力滋味的民進黨，使得原本「黨」的結構出現理想與世俗的衝突。這也就能解釋為什麼一個以「理念」為執政核心的蔡英文總統身邊會站著像是黑道背景出身的黃國城、在高鐵上掉 300 萬元的陳明文這種「非理念型」的政治人物，這就是為「選票」而逐漸「世俗化」的政黨。

因為他們有「實力」可以幫忙找選票，因為總統需要分配政府擁有的「政策上的利益」，但黨的機制是死的、是硬的，國民黨也是如此！所以，現在才會有這麼多人懷念蔣經國時代，為什麼蔣經國那麼優秀？因為那個時代不用選舉啊！所以，他旁邊永遠站的就是像孫運璿、李國鼎這樣的好人；到李登輝時代，是第一個透過選舉當選的總統，身邊就必須有像是劉泰英、關中要去處理金錢、組織這樣的人。

同樣的情形也發生在馬來西亞的「民政黨」身上，前黨主席阿鄧要和各地的山頭們去協商，這個情形就很像影集《紙牌屋》裡面共和黨「全國提名委員會主席」，去協調各州的提名策略，就形成這個政黨和選舉之間的連結關係。

為什麼每次到選舉就會出現這樣的問題？因為這些政黨當初的成立就不是選舉型的政黨，以民進黨為例，過去在黨外時期只要為理念抗爭就好，在野的目的就是不斷的反對執政黨，直到參與選舉並且嘗到權力滋味，民進黨的提名制度開始不斷的改，為了取得勝選，改變政黨提名制度、資源分源就成了必要。

權力果然是最佳春藥！

為什麼？因為台北市長所能夠分配的資源遠遠超過當時民進黨所有執政過的縣市，包括台南縣長、嘉義市長、宜蘭縣長都遠遠不及一個台北市長，自從 1992 年陳水扁第一次當選台北市長開啟了民進黨第一次真正的執政，到不斷輪替之後又到現在的台北市長柯文哲，更清楚台北市長能掌握的資源有多少。台北市有銀行、有 16 家市立醫院、300 所國中、國小和高中和一間大學，多麼扎實的資源，這可是爭取總統大位的橋頭堡啊！

所以，陳水扁當選台北市長後，民進黨馬上面臨到的

問題就是「世俗化」這件事，包括：要去處理以前不用處理的里長問題，拔樁和綁樁；要去處理警察的問題，對於以街頭抗爭起家的民進黨而言，警察是所謂的「壞人」，但執政後，警察就變成下屬單位，有立場調整的適應問題。

對國民黨而言也是如此，李登輝要成為第一任民選總統的時候，是由宋楚瑜（總書記的角色）來處理這些「世俗」的問題，他要去協調各個山頭、各個派系，另外一位是劉泰英，負責張羅選舉需要的錢。原本的剛性政黨在遇到選舉時，被迫世俗化。

但台灣有沒有為了選舉而成立的政黨？有的，柯文哲的「台灣民眾黨」就是！從民眾黨的主張：「政府應秉持『民意、專業、價值』等三項施政準則，落實開放政府、全民參與，和公開透明的運行方式，並以清廉、勤政、愛民為從政守則服務國家社會」可以看出，這是個為了透過選舉，讓全民共同參與政府事務的黨。民眾黨成立不久，還來不及累積包括人力、物力的政黨資源，目前也看不出柯文哲這個黨主席打算如何運用「黨」的資源，所以不在這個章節討論的範圍之內。

瞭解了台灣兩大主要政黨的屬性之後，我們再來看看政黨資源是不是有它在選舉時的必要性，台灣的選舉是不是需要有政黨的支援才能進行？相對於其他國家而言，台灣的選區算小的，1,300 萬的選舉票，這是什麼概念？中國共產黨的黨員數就是 1,300 萬人。

░▒▒ 政治是一場說服的過程

1,300 萬的選舉人票，在選舉時所需要動員的人力與資源，一票的成本（不含買票、綁椿，僅就上廣告、電視台、報紙等文宣，現在甚至還有 1,450〔網路小編〕的費用、組織等費用估算）大約 100 元／人，選一個總統整體來算大概需要 10 億元左右，也就是說，一場總統選舉要投入 10 億元，才能有效接觸到每一個選民，但選個總統不需要這 1,300 萬人都來投，扣掉兩成的不投票率，大概 1,000 萬人左右，選舉基本算法：得票數就是有效選舉票除以二，一定要贏得選舉，就要有 500 萬票，只要說服 500 萬人，理論上這場總統的選舉就會贏，換算成選舉經費就是 5 億元！

連結到政黨的政治運作，這 5 億元就需要被用做組織動員，因為政黨對於選舉而言，就是組織體系，這 5 億元，就是要讓選務人員「動起來」花掉的經費。台灣的選舉是兩年一次，平常政黨在養這些黨務人員，養兵千日就為選舉一戰！

但如果沒有政黨的資源，獨立參選的選舉人打起選舉來會更貴！為什麼沒有政黨會更貴呢？以台灣首富郭台銘原本打算參選總統為例，因為郭台銘之前並沒有所謂的「選務人員」，他的「選舉團隊」是臨時組建起來的，緊急招兵買馬的結果就是連同過去兩年的養兵錢，一次買斷，自然付出比平常更多的代價。

政黨的功能除了組織基層動員之外，就是培育執政人才，一個政黨執政之後，不是只有總統、市長、立委和議員，這些是在政治運作上的需要，但在實際的選舉上往往會看到，其實政黨的幫助並不大，通常選民買單的對象是參選人本身，每一個總統候選人都有自己的競選總部，並不是以「黨」為競選總部。

如果政黨對總統的選舉有百分之百的幫助，那韓國瑜就不需要設立競選總部、蔡英文也不用另外成立競選總

部，黨和候選人的競選指揮系統是不一樣的。也就是說，對於選舉這件事，候選人本身的重要性是大於政黨的；選舉時，政黨的必要性反而不是那麼重要，但在選後，假設這位當選人沒有政黨資源在背後支撐，那麼對於他在治理不管是城市也好、國家也罷，會是一個致命的問題。

▧ 社群媒體興起，素人明星造天命？

改變的過程，最主要是媒體的傳播愈來愈多元，從三台、到有線電視，當需求愈來愈高的時候，慢慢產生明星，因為媒體需要明星來支撐收視率，而最容易製造明星的產業有三個：娛樂、政治、體育，製造業則是排名第四可以產出明星的行業，在這四個產業中也都可以看出產生相對應的明星，被找到媒體或是政治行業裡。

全世界有選舉的國家都在想方設法產生政治明星，有趣的是，再加上最近新興的社群媒體，使得素人也可以變成明星，使得政治明星的來源愈來愈多樣。加上在社群媒體推波助瀾之下，對選舉而言，只要是總統制國家的選舉，就都是以政治明星為主的選舉，此時唯一最快見效的

方式就是透過媒體的大量曝光。

有經驗的政治操盤手，可以在選戰開跑短短 3 個月的時間內，為候選人塑型：

1. 透過大數據為候選人找出選戰攻防的最佳議題；

2. 知道如何掌握每日最重要的輿情，爭取到和最大多數選民對話的機會；

3. 透過兩軍對戰的網路陣型，清楚研判敵我雙方目前所處位置，一方面得以知道誰是最佳戰友，可以發揮神助攻的效益（當然也可以避開豬隊友），以及如何透過議題展開攻擊或防守；

4. 甚至通曉如何運用 1450（網軍代稱）帶動政治風向，製造對己方有利的政治、社會氛圍，或是利用當時的社會氛圍，左右輿論的力量順勢攻擊對手。

2014 年台北市長的選舉就是一個很好的例子，主要候選人是國民黨的連勝文和代表白色力量的柯文哲。出於全球金融海嘯的餘波盪漾，當時社會氛圍開始出現仇富心態。同年 9 月 11 日連勝文競選團隊推出一支「一直玩」

廣告短片,原本是希望在市民心中種下一顆「希望的種子」,卻被惡搞成為一支新的「我不要跟連勝文一樣」影片,原版廣告經過新的順序剪接,上傳一天有近 20 萬人點閱,之後更讓年輕選票大跌 22%!

透過網路順勢攻擊對手,強化對己方有利的社會氛圍,誰說沒有操盤手的影子?

V₀te 台灣只有藍綠可選嗎?

2000 年台灣首度政黨輪替,是民主進步的里程碑,卻也是國家退步的開始。為了繼續執政,藍綠二大政黨更形對立,操弄統獨、撕裂族群,一次比一次嚴重,一次比一次傷。民粹治國的結果,台灣變成現在的樣子:低薪、高房價、高學歷低就業、不婚、不生、高齡、不投資、外資撤、經濟沒成長……,罄竹難書!於是懷舊風吹起,從孫中山、蔣中正,到蔣經國、孫運璿、趙耀東、李國鼎,都有綠營人士讚揚,與其緬懷過去,為何不能有藍綠之外的第三個選擇、第三條路可走?

每到選舉，都會有人喊出第三選擇，但是到目前為止，台灣出現第三勢力了嗎？選民有藍綠之外的第三個選擇嗎？白色力量算嗎？

　　白色力量從何而起？從 2013 年洪仲丘事件而起。洪仲丘是義務役士官，退伍前一周因為不當禁閉處罰，導致嚴重中暑而死亡，公民團體「公民 1985 行動聯盟」在兩個星期內接連發起「公民教召運動」、「萬人送仲丘——八月雪運動」等兩次大型抗議活動，要求軍隊社會化，最後促成軍審法修法，這兩次公民運動合稱白衫軍運動，白色力量因而崛起。

░░ 別再拿白色力量騙選票

　　2014 年台北市長選舉，台大醫院急診部醫師柯文哲即以白色的力量自居，在民進黨不推候選人的全力輔選之下，代表在野大聯盟，發起庶民與權貴的戰爭，大勝國民黨候選人連勝文 24 萬多票，成功阻斷國民黨在台北市的執政，開啟不藍不綠的首都執政經驗。當初的競選主訴求就是要改變藍綠對決，他認為：「台灣政治上最大的問題

就是藍綠惡鬥。」

時至今日，柯文哲在成功連任台北市長 8 個月後，宣布組黨，在 2019 年 8 月 6 日創立台灣民眾黨，擔任首任黨主席。大家可曾記得 2014 年 11 月 7 日他參加台北市長選舉辯論時公開承諾：當選後不會加入任何政黨。雖然柯 P 連任時沒做同樣宣示，雖然大家都知他組黨是在為總統大選鋪路，但可以確定的是他已經不再是白色力量的代表，民眾黨會是新的第三勢力？那可不一定，因為他當初的競選主訴求：改變藍綠對決，還沒有完成。

台灣到底有沒有第三勢力發展的空間？事在人為，當然有，但不是一件容易的事。國民黨在台灣執政超過 50 年，長期把持中央和地方，不論好的還是壞的，對政局都已有根深柢固的影響。

年過 30 的民進黨以裂解國民黨為職志，二次執政更沉浸於權力春藥，有實踐創黨主張：遵循民主與自由的憲政秩序、施行成長均衡的經濟財政、建立公平開放的福利社會、創新精進的教育文化、全球國際的國防外交嗎？民進黨師法共產黨，全力消滅國民黨，取而代之的結果是，比國民黨還不民主、比國民黨還不會拚經濟、比國民黨執

政還讓人民憂心國家安全和未來。

不能靠嘴巴討厭藍綠

「請給人民藍綠之外的選擇。」這樣的聲音一直在，有志於此的黨派或政治工作者也一直大有人在，每到選舉時節，這個議題一定被討論，一定有非藍非綠的參選人拿它當訴求，只是宥於藍綠魔掌，始終難成氣候。

所以，台灣到底有沒有第三勢力發展的空間？不是政治人物、政治工作者或對政治有興趣的人的事，而是討厭藍綠、討厭對立、討厭民粹、討厭國家發展停滯的所有中華民國國民的事。

台灣人很健忘，不，應該說是超級健忘，總是要在發生送命悲劇後，才會醒悟，憤憤不平的走上街頭，宣洩對執政者多年來的不滿，然後呢？從街頭回到家之後，一切如常，繼續上班上課，執政者有沒有兌現改革承諾？上街過的你，有再在乎嗎？連大陣仗採訪、SNG 連線、同步 Live 製作特別節目的媒體也失職，又回到只會追逐腥羶色等對公眾利無益的新聞，對會用置入專案餵養的執政者，

不敢說三道四。

當媒體自我弱化第四權權責，人民放棄可以對自己所選出的公僕不假辭色的當「頭家」權利，執政者當然不會記得投票給他或她是要為民服務，不是讓他或她的執政團隊變成掏空集團，於是大喇喇的榨取國家資源 8 年後，才被失職的廣大公民們用選票唾棄，換上不同顏色的詐騙政黨當家，繼續同樣的執政惡循環。

做自己才會更好

這個可怕又可憐的執政惡循環，已經重播 N 年，親愛的台灣人，你還無感嗎？兩年一次的選舉，你還不靜心思考，該把神聖的一票投給哪個政黨、哪位候選人嗎？可悲的是，很多人會說：沒有心中理想的政黨和候選人可以投啊！

第三勢力是不是很重要？但是這個被期待的第三選擇，不是政治色彩不同，就能滿足頭家和國家的需求，必須是要有為國家長遠發展提出策略和執行的能力，為下一代奠定厚實礎基，好永續生活在美麗的福爾摩沙。

精準來說，是要為國家找出擺脫藍綠惡鬥糾纏的第三條出路，扎實且務實的拚經濟，不需親美、親日或傾中，而是真正為維護主權、發展國家而勇於做自己。

∅ 小團隊：競選班底

Vote 組成有戰鬥力的烏合之眾

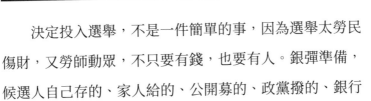

▨ 選舉要有人，「手腳」哪裡來？

決定投入選舉，不是一件簡單的事，因為選舉太勞民傷財，又勞師動眾，不只要有錢，也要有人。銀彈準備，候選人自己存的、家人給的、公開募的、政黨撥的、銀行貸的，錢的來源大致如此，要備多少才夠用？因人、因地、因選情需求而異。

人呢？選舉期間，無時不刻都需要很多「手腳」（人手），總部要有人、拜票要有人、辦活動要有人、開記者會要有人、各種造勢更要有人，有些是來幫忙的，有些是來撐場面的，這些人從哪裡來呢？

一場選舉需要用到的人，以競選總部為中心，簡單區分，有內人和外人。顧名思義，內人指的是競選總部裡的

人，包括接待泡茶的志工，行政、總務、財務等基本行政人員，還有政策、媒體、文宣、活動、組織等核心策略成員，以六都市長選舉規模來估，內人至少 50 人起跳。

外人指的是辦活動或造勢時，需要的各種類型工作人員，有負責執行活動的，也有參與活動的，還有來充場面的，人數因活動不同而有差別。像辦大型造勢活動時，人場關乎面子，考驗的是實力，包括候選人的魅力，以及組織的動員力。

烏合之眾如何能戰？

選賢與能，不能只看候選人，還要看團隊，競選班底的品質，關乎成敗。由於選舉屬於短期活動，鮮少會為了加入某陣營而辭去原本工作，競選團隊的組成除了核心成員會是心腹或是特聘而來，其他注定難是一時之選，各路人馬匯集之後，還談不上磨合，恐怕就有適不適任的問題，臨時組成的一群人，要怎麼在幾個月的選期中，把候選人推上冠軍寶座？關鍵在於如何讓一群烏合之眾有戰鬥力。

臨時成軍的競選總部，大多數行政人員都是推薦來的，可能原本沒工作，就當打工貼補家用或賺零用錢；可能正要換工作，還沒上工或找到新工作前就先來做做。這樣的背景，工作的投入程度恐怕會在預期之下，如果是人情壓力而來，將連要求都難。負責選才的幹部要有識人之明，縱使是熟人推薦，也要打聽口碑，如果真的用錯人，千萬不要當爛好人，競選總部只要有人擺爛，一定影響戰力，請當機立斷處理掉，留下，小心變災難。

小心投機分子和選戰無賴

　　核心成員是每位候選人的腦，最理想的狀況是有經驗才好，可是每次選舉每位候選人的競選總部都是臨時組成，所謂的有選戰經驗指的是什麼？是曾經待過某競選總部？還是曾經是幹部或曾進入核心？如果一時不查，小心請來的是說得一口好經驗，真要做事時，卻只會嫌預算太少，根本是個專門來蹭選戰財的無賴。

　　必須查明的還有別請到在各陣營遊走的投機分子，就算沒有進入核心，在總部總是會得知些許選戰操作資訊，

不要變成養老鼠咬布袋。更誇張的是，有人挾著有選舉經驗，要求先承諾選後安排，選不選得贏都還在未定之天，候選人怎麼已經被當成新老闆了呢？所以有沒有選舉經驗不是聖經，人品更重要。

親朋好友推薦，未必合用，找有經驗的，又未必真誠。如果海選競選幹部呢？當然沒有問題，不過，首用海選並且玩得淋漓盡致的台北市長柯文哲，有海選出多厲害的市府官員嗎？其實對一個競選總部挑選幹部而言，搞海選，太耗時，是個事倍功半的作法，除非早就計劃好，而且是宣傳的一環，否則平心而論，不是每位候選人都能玩海選，柯P有獨一無二的人格魅力，那無厘頭式的見解，讓記者天天黏緊緊，這樣的聚攏能力，複製不了，如果真要海選競選幹部，候選人得認真評估自己的是不是很有吸引力，免得連個八家將都選不出來。

選舉禁忌在長輩和家族

好的競選班底可以拉高候選人的當選機率，因此想盡一分心，給候選人意見或介入人事安排的公公婆婆很多。

選舉初期，他們會搶著推薦人或介紹人；選舉期間，他們會想增加人或安插進人；選舉後期，他們會因為選情優劣而換掉人或親自下海。不要懷疑，製造競選總部人事問題的，十之八九是親人，當候選人家族介入的時候，就是競選總部山頭林立的開始，接著指揮系統混亂，最後不知誰說得算？爺爺派、奶奶派、叔伯姑舅派，加上原本就會有的候選人派、夫人派，不是同一件事出現不同指令，就是有人挾派自重，亂下指令，後果誰負？

如果候選人來自選舉世家，情況會更複雜。有選舉經驗的長輩太多，意見當然只會更多，對於競選總部的運作、各小組的操作，怎麼看都不會順眼，本是來旁聽開會的，不久後開始發表意見，再來乾脆自己主持，已經上路的各項安排或即將拍板的各種計劃，老人家一旦有意見或不認同，怎麼辦？

此外，長輩當年的合作伙伴，也可能會在這個時候出現，給意見事小，若是也加入批評之列，特別是專門批評文宣和活動，別以為只是單純的愛之深、責之切，其實是在要「資源」，把文宣品的製作、活動的承辦交給他或她，就不會再嫌了，但耳根子清靜後，換來的可能是風格

迴異的競選小物，以及品質不佳的活動包裝，把候選人當「盤子」（指凱子、肥羊）的通常是熟人啊！

　　台灣政治世家很多，從政也可以是經營事業，一代傳一代，無可厚非，選舉時，家人乃至家族全部動員，也是人之常情。只是時代不同，大環境更不一樣，N 年前的選法，現在未必適用，家族的影響力也未必歷久不墜，把過去的光榮當成現在努力的動力，長輩過去失敗的選舉經驗要參考，避免重蹈覆轍，其他的，就交給年輕人吧！晚輩的選戰讓晚輩自己打。

V te 操盤手的條件

　　對操盤手有很多想像，但如何界定？就看這位操盤手是否取得「操盤手的的桂冠」成為一位造王者（king maker），像陳水扁時期的民進黨祕書長邱義仁、馬英九的金溥聰是最典型的 king maker，都是總操盤手（總操盤手需要有一定代表性質的政治的位階，所以幾乎會是政黨

的祕書長），其下有文宣操盤手和組織操盤手（像是陳水扁競選總部的馬永成、羅文嘉）。

不同的操盤手除了要有可以看到趨勢、問題、缺點、得失評估，做或不做？快、狠、準的決斷力、遇到困難或阻礙時，如何堅持執行下去（眼光、判斷力和智慧）的執行力和在情緒、人心、物資、財務……都能穩定的溝通力之外，還需要不同的特質。

以組織操盤手為例，參與過選戰的人都知道「誰掌握了行程的安排，誰就掌握了選舉最大的資源」，要能清楚判斷如何在有限的資源、時間內安排好與最大多數選民接觸的機會，這也就是為什麼被困在高雄市議會的韓國瑜，必須利用假日排出「9 個小時 21 個宮廟」的行程。更大的挑戰是，當同屬泛藍陣營的郭台銘不選的時候，韓國瑜的行程該如何安排？又或是當前副總統呂秀蓮宣布參選總統時，蔡英文又要怎麼回應？要在什麼場合、講什麼話？如何透過行程掌握、回應選舉的走向？

安排什麼行程、和什麼人見面，有哪些人要去綁樁、固樁，要安排誰站在候選人旁邊（象徵的是選戰資源、勢

力的彼消此漲）是組織操盤手的事；安排什麼場合、講什麼話、如何回應選舉走向，是文宣操盤手的事；組織和文宣操盤手在選戰中代表的是相互交融的光和陰的兩面，也可以用棒球的投手教練和打擊教練來看待，最後雙方如何協調與共識的達成，則是總操盤手（棒球總教練）的事。

　　但是在社群媒體盛行、網路時代社群選舉力量興起的今天，操盤手又面臨新的挑戰，畢竟這些曾經成功的選戰操盤手都有一定的年紀，但好處也在於曾經走過大半個世紀，夠成熟，有足夠的智慧去判斷方向，其餘的，交給專業的來！

　　最大的關鍵在於「社群媒體反應時間」的掌握，在講求速度的時代，誰能在第一時間內做出正確的回應，往往決定了候選人能不能掌握這個浪頭。如何縮短反應時間？舉例：郭台銘在 9 月 16 日深夜 11 點於臉書上發布「不選聲明」，韓國瑜要不要在第一時間回應？要時隔多久回應？如何回應？在哪個場合、說什麼？蔡英文呢？能掌握多少訊息得以做出正確的判斷？此時，大數據就扮演關鍵的角色。

網路聲量的槍砲彈藥分級制

　　所有熟悉社群大數據的人都知道，網路聲量的走向，不管是圈粉能力或是外部擴散的能力，最重要的是「斜率」（成長率），例如，當呂秀蓮宣布參選總統時，她的網路聲量有起色嗎？她的支持者和外部討論的聲量是往 45 度角的走勢嗎？還是在 X 與 Y 軸中，只有 X 軸（外部討論）的橫向平行發展？

　　結果呂秀蓮在宣布參選總統之後，網路上給予的反應是無情的橫向貼地爬行，由於呂秀蓮平時並沒有經營自己的粉絲團，沒有自主圈粉能力，所以，就算宣布參選總統這件事為呂秀蓮帶來外部聲量的暴漲，網路上的量能無法有效留在自己身上；反觀郭台銘，不論是「退黨聲明」或是「不選聲明」，這兩個事件都為郭台銘帶來幾乎 75 度角的走勢，在網路上已經是「黃色炸彈」的等級了，此時對手就不可能不回應，就必須在最短的時間內給出回應（當然，也可以決定不回應，不回應也是一種回應）。

　　只有知道「事件」在網路上的「斜率」走向，候選人才更能確定「社群媒體反應時間及內容」的掌握度。如果

圖 2 郭台銘的圈粉能力

郭台銘圈粉能力	文章	互動	按讚	留言	分享	郭台銘圈粉能力
9/9~9/15	1	36,567	34,469	9,781	517	5,151.8
9/16~9/22	4	156,919	143,796	27,819	4,746	23,219.8

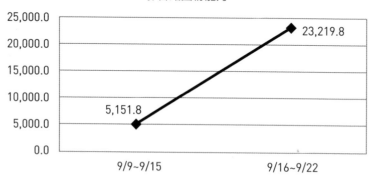

郭台銘圈粉能力

資料來源：Sola Media 大數據團隊。

圖　　說：此圖是郭台銘在 9 月 16 日深夜 11 點發表「不參選聲明」前後兩周
網路聲量的變化，郭台銘在 9/9~9/15 只發表了一篇文章，單篇的互
動和按讚數平穩的維持在 3 萬 5 千上下，圈粉能力為 5,151 分，但
「不選聲明」發表之後，郭的圈粉能量爆增，帶來幾乎 75 度角的走
勢，在網路上已經是「黃色炸彈」的等級。

圖 3 郭台銘的外部討論量

郭台銘外部討論	文章	互動	按讚	留言	分享	郭台銘外部討論
9/9~9/15	4,485	1,414,134	1,090,817	484,175	56,982	246,812.9
9/16~9/22	4,771	1,297,012	1,002,368	353,018	50,710	215,713.0

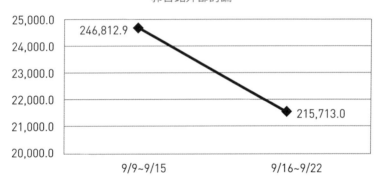

郭台銘外部討論

資料來源：Sola Media 大數據團隊。

圖　　說：雖然郭台銘的圈粉力呈現幾近 75 度角的上揚走勢，但他的外部討論卻是不增反減，可以看出郭台銘的動向只能說是郭粉內部的茶壺風暴，自郭台銘 9/12 宣布退出國民黨後，聲量持續下跌，顯示外界在確認郭台銘 2020 總統選戰並非擔任主帥角色後，已不在選民討論的範圍之內。

圖 **4** 前副總統呂秀蓮網路圈粉能力

呂秀蓮圈粉能力	文章	互動	按讚	留言	分享	郭台銘圈粉能力
9/9~9/15	0	0	0	0	0	0.0
9/16~9/22	4	8,542	7,944	3,136	1,746	2,913.8

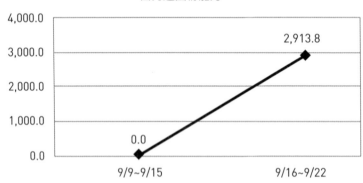

呂秀蓮圈粉能力

資料來源：Sola Media 大數據團隊。

圖　說：前副總統呂秀蓮 9/16 宣布接受喜樂島聯盟推薦以獨立參選人身分參加 2020 總統大選後，對於沒有自己粉絲團的呂秀蓮在一周內產生的粉絲互動分數最高為 2,913 分（圖 4）（也就是說，呂秀蓮的宣布參選因為沒有經營自己的粉絲頁，所以，所有的外部討論，都和呂秀蓮無關），僅政治素人郭台銘（23,219 分）的 1/10 強。

圖 5 前副總統呂秀蓮宣布參加 2020 總統大選後，外部討論聲量

呂秀蓮外部討論	文章	互動	按讚	留言	分享	呂秀蓮外部討論
9/9~9/15	30	21,542	18,878	3,439	2,397	4,895.1
9/16~9/22	1,196	534,500	393,659	136,518	25,097	92,198.0

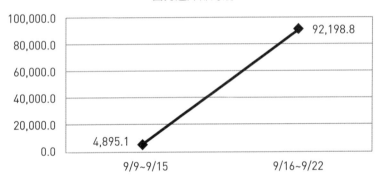

呂秀蓮外部討論

資料來源：Sola Media 大數據團隊。

圖　　說：如果放在和蔡英文、韓國瑜同一張聲量圖上做比較，更能明顯看出
網友無感的橫向貼地爬行；就算宣布參選總統這件事為呂秀蓮帶來
外部聲量的暴漲（圖5），網路上的量能也無法有效留在自己身上，
這也就是為什麼同為綠營參選人的蔡英文並未對此進一步表態的原
因（不表態也是一種態度）。

「斜率」是呈現向上 45 度角的走勢，就非得回應不可；如果只是平行或是垂直移動，其實也不需要花太多力氣去表態，可以把資源用在刀口上。

　　一般而言，網路聲量只要超過 15 萬分就可以算是「砲火」等級，像是 2019 年 1 月 2 日蔡英文以總統身分之姿回應中共總書記習近平的談話，不但成功挽回自 2018 年底六都大選以來的低迷聲勢，更為自己創造「辣台妹」形象，連續兩篇文章不但分別創造 17 萬及 21 萬的網路聲量，更成功的將「統獨之爭」升級到「主權議題」，其後又進一步升級到「芒果乾」（亡國感），挾著大砲等級的聲量成功碾壓其他對手。

網路選舉時代，製造九命怪貓

　　到了網路選舉時代，傳統的組織操盤和媒體操盤已經難以分開看待，傳統文宣操盤手要回應的是「大眾」，所謂「一對多」的模式，透過媒體宣傳己方優勢或攻擊對手；組織操盤手回應的是「一對一」的模式，透過組織，操盤手可以知道自己是在和「誰」對話、可以知道對話對

象的反應是正面還是負面。

　　而社群媒體的操盤手則剛好是傳統的文宣與組織操盤手「相加除以二」，隨著社團粉絲數的快速增加，對話的量夠大，有不同的應對模式。以柯文哲為例，即使看似掀起一波「退讚潮」，但他的粉絲仍然維持在 190 萬人的龐大數量；若是從傳統組織操盤手的角度看，要打 190 萬通的電話，要花多久時間才能完成？

　　但在網路時代，柯 P 只要短短的 3 秒鐘，不但可以瞬間完成與選民的對話或溝通目的，還能進一步透過臉書下方的按讚、留言、分享數，瞭解剛剛釋放出來的訊息，是否得到選民的支持與認同？有多少選民贊同這次發言？哪位選民是特別的頭號粉絲？哪位選民有不同的意見？又或是如果不贊同，會是什麼反應？以便在最短時間內調整或強化對各項議題的發起或回應速度。

　　在對網路選民個別意見的洞知和對策，是傳統組織的事；但又因為對話對象的「量」夠大，已經大到足以和傳統媒體溝通對象數量相比擬，加上即時對話的時效性，又具備傳統文宣的效果，此時，傳統的組織操盤手和文宣操盤手就被迫合而為一。

網路時代的選舉，特別是在都會地區，選票也不會是靠一杯一杯的酒去喝出來，對於沒有政黨資源的政治素人而言，只要掌握好網路特性、具有網紅特質，相對可以在人力、物力都極度精簡的情況下，異軍突起。

　　2014 年當選台北市長的柯文哲就是開啟素人選舉、網紅政治人物的先例，他的幕僚不會超過 10 個人，核心幕僚最多不超過 5 個，不用處理傳統組織派系問題、不用協調各山頭利益，對任何議題的反應會是最快！就算拋出的議題或反應不如期待，在網路上也是可以隨時更正，或是再補一篇，只要講出不失公信力的話，就沒有當下一刀斃命的風險。

　　新世代的選戰，對傳統操盤手而言，是痛苦的，回應的模式不一樣、所有考慮的變數也不一樣，特別像是國民黨、民進黨這種原本就不是為選舉產生的政黨而言，更加辛苦，因為他們的組織已經隨著多次選舉變得龐大而笨重，無法在很短的時間內做出正確的判斷與應對。

　　像是傳統文宣操盤手要對某項議題做出回應時，必須要先模擬推演、組織討論，祕書擬好稿、送給總祕書、再給操盤手看、到送給黨主席確認，再回到部門文宣以新聞

稿的形式發給媒體，已經是 2 天之後的事了，最後甚至不了了之。

掌握速度 ＝ 掌握媒體發言制高點

但新媒體的選戰就不一樣了，速度決定一切，速度之快，快到可以在對手的記者會召開之前，就先得知對手記者會的內容（此時一定要和媒體記者朋友打好關係，以便互通有無），得知內容還不是最厲害的，更厲害的是要在對手召開記者會之前，就把相關議題的反應或說法在臉書上先貼出來，甚至引導對自己有利的新風向，讓對手要召開的記者會因此改弦更張！

這麼做的好處是，訊息的提供更加完整和快速，更容易攏絡媒體記者，因為記者們要的無非是第一時間的即時訊息，變成讓記者問競選團隊想要記者問的問題，敵方原本召開記者會的主動攻擊模式，變成被動式的防守，對於可以提供所有競選新聞題材、故事的網路操盤手而言，也就更容易帶動風向和左右當時的社會氛圍。

Chapter 4

候選人的賢與能

候選人跟媒體過招時，身段和手段要軟硬交互運用，「關係」維持好很重要，如何努力，各憑本事，但絕對不能讓媒體不當你是個「咖」，千萬不能是被叫不出名字的那個人。

候選人魅力關乎媒體操作成敗

　　政治，是管理眾人之事。什麼樣的人格特質，才適合從政呢？其實民主國家人人能從政，也就沒有天生適不適合的問題，不過，能不能當個評價好的政治人物，卻不只是自己夠認真、有用心即可，選民對你的觀感及好惡，才是評分依據。特別是在選舉期間，候選人有沒有選民緣、記者緣，是勝選與否及媒體操作的成敗關鍵。

　　打選戰，所有宣傳都要靠媒體擴散出去。傳播的最小單位是個人，口耳相傳就是最基礎的宣傳方式，每個人都是傳播體，在現今網路時代的說法是，每個人都是自媒體，包括候選人自己，所以候選人每次的現身，都在自我宣傳，透過不同的管道和載具，再無遠弗屆的擴散到任何角落，然後被討論或被討厭。

為了選贏，選舉時做的媒體宣傳，要想盡辦法讓候選人被討論，進一步被喜歡，再來還要被認同，才可能有選票，包括形象塑造、曝光製造、專業營造，缺一不可，都需要團隊做好設計，一步步鋪排。

候選人一定要有的認知是：決定要進廚房，就不能嫌熱、怕髒。如何把選情炒熱、炒得漂亮、炒得有聲有色、炒得色香味俱全，是你的責任，因為你就是唯一的最佳男／女主角，舞台上的演出效果，全得靠自己。

V◌te 懂媒體才不會被討厭

這裡所謂的演出效果，指的是候選人在各媒體上露出的成績，意即被怎麼報導。先從電視新聞看起，雖然看電視的人口急速下滑，各家電視台的新聞依舊是影音新聞的生產線，透過自家的有線或無線頻道、數位頻道、FB 粉絲專頁、上傳 YouTube 等幾個必要管道，候選人的報導就這麼被傳播出去。

電視新聞的專訪或專題另當別論，Daily News 即每日新聞裡，能有以你為主角的 SOT，即一則完整新聞，真的是不得了，所以一定要好好表現，而評價表現的好不好有幾個指標：

講得好不好。或許見仁見智，但是候選人所講的內容，有沒有被拿來當標題用，有 slogan 效果，就是準備功夫和口才優劣的展現了，如果同則新聞也有競爭對手的訪問，是會高下立判的。

被剪了多少。精準來說，判定標準包括講的長度，即 bite 被掐出來的秒數，以及被剪到的次數，也就是在一則新聞當中出現幾次。講得愈長、出現次數愈多，代表曝光高，在以秒計價的電視台，平均 10 秒 3.3 萬元的廣告費，多露出一秒就是賺到，不要忘了，新聞還會重播並且在網路上無極限的出現呢！

樣子好不好。簡單說，就是新聞播出時看起來帥不帥、美不美，這樣說很現實，但是沒辦法，它不只關乎給

閱聽人的印象，更關乎有沒有網路負評，網路世代幾乎等於霸凌時代，候選人的外形，不求被讚美，不要被噓，就阿彌陀佛了。接受採訪時的穿著、講話的表情和眼神、肢體動作，都是會影響樣子好不好的因素。帥美已難改變，但是至少要不討人厭，受訪時的「樣子」，務必要練過。

再來看紙媒，版面大小決定新聞的重要性。候選人新聞能上「頭版頭題」最好，但是這可遇不可求，在選舉時，不是民調大輸大贏，就是涉及弊案或醜聞，才會有機會登上頭版。「頭版頭題」在新聞界簡稱頭版頭，指的是報紙首頁最上面、一眼就看到的那則新聞；如果頭版頭上不了，能上頭版也很強。

好，頭版難攻，其他版面呢？各報第一落的要聞版，基本上是重要新聞及政治新聞，選舉時，幾乎全是選戰消息，都被夠分量的候選人或選區搶占好位置。所謂的好位置跟頭版頭的概念一樣，報紙新聞出現在版面愈上面，加上數字愈多，就是愈重要，如果字數相對少，版面就小，位置也不會好，就是登在所謂的報屁股了，就是報紙版面的角落。

除了全國版，各縣市的新聞，各報會有地方版來呈現。選戰時期，搶上版面是各競選總部媒體組的重責大任，定議題、開記者會、寫新聞稿是基本功，但定什麼議題、怎麼開記者會、新聞稿寫得好不好，卻關乎上報機率和版面大小。

　　所以前置準備很重要。電視台採訪中心最常用炒菜來做比喻，一節新聞要有高收視率，取決於每盤菜是否色香味俱全。記者外出採訪、寫稿，代表買菜回來，編輯如何編排新聞播出順序（即 rundown），以及包裝鏡面（即在主播播報時，電視畫面上呈現的各種文字說明），就是炒菜功夫。如何讓記者買回好菜？是想藉由上新聞來增加曝光的候選人的責任，而候選人能否在好不容易得到受訪機會時，有最好的表現，就看他或她能否講出記者不用都不行的內容，講得出有 slogan 效果的 bite，不但可能成為標題，也更有機會被剪不只一次，這樣就能達到最好的曝光效果。

Vote 有人緣才會有魅力

只是曝光之後，選民買不買單，又是另一個考驗。選民對候選人的接受度，通常可從兩方面得知，一個是理性的民調，一個是感性的握手。民調數字看到的是選民的支持度，可以評估出與當選的距離；握手的力道則可以感知到選民有沒有相挺，進而估出在某里或某區能拿下幾成票。

民調高低，代表的是選民幫候選人打的印象分數；握手力道，傳達的是選民對候選人的好感度。如果候選人知名度差、辨識度低、嘴不甜、難親近，怎會有選民緣？如果再加上跟媒體的互動也不如預期，像是約訪配合度不高、講不出獨特觀點、記者會沒梗、活動無趣，連記者緣也不佳，那麼這位候選人就真的很難選了。

但也不是真的沒有救，一心想選上，就要真心做改變。如果口才不佳，可以請說話老師來上課，指導候選人如何長話短說、講重點；如果樣子不好，可以請表演老師來上課，教導什麼狀況該有什麼肢體動作，什麼表情該怎麼做；如果不知怎麼與人互動，可以請鄰里長等地方頭

人，傳授獨門撇步，並陪候選人挨家挨戶拜票，邊學邊做，會快速見效的。別忘了，有句成語叫「勤能補拙」。

　　要當個受歡迎的政治人物，真的不容易，被喜歡要比被討厭難太多，做好是應該，做不好被罵是活該，這就是進入政治場域必定會碰到的髒與熱。從想從政，要有駕馭政治的能力，候選人需要的到底是天分還是憨膽？看來，是魅力！

處在新聞沙漠中如何搶全國版面

　　台灣很小，但媒體很多，可是選舉時，候選人卻苦於搶不到版面，因為媒體不論電視台、報紙、雜誌、廣播、網媒，九成都在台北市，電視台更只有台北、台中、高雄三地有新聞中心，記者分布嚴重失衡，六都中的桃園市和台南市，依舊只有駐地一人：一名兼任文字記者的攝影記者，新北市也一樣，只是拜離台北市近之賜，新聞是由總部一起處理，能見度就高很多。

　　以 2018 九合一選舉為例，桃園和台南市長的選情，相對冷清、炒不熱，跟處於新聞沙漠區有很大關係。桃園市有五組候選人，台南市有六組，但各家電視台都只有一名駐地記者，他或她是要如何分出五或六個分身，去採訪各組候選人呢？

不只電視台，報社在一個縣市最多也不過五位記者，所以 2018 六都選舉時，在桃園市和台南市的市長候選人們，不只電視台，各報也無法一一照顧，加上全市還有近百位議員候選人，記者們也對新聞跑不完或跑不深入而大傷腦筋。

　　對於要在沙漠中跑市長選舉新聞，媒體自有應付方法：只會顧領先的二組，或糾纏的三組候選人，其他膝蓋想即知不會影響選情的候選人，就會被自動遺忘。議員亦是，領先族群（依民調、知名度、當選次數、之前得票數、跟媒體熟識度而定）較容易得到記者們關愛的眼神，不過，也要「準備好內容」，值得記者們採訪，才有上新聞的機會。

　　沒辦法，媒體版面多留給位階比較高的選舉人，所以對市長候選人來說，版面已經留給你了，怎能不搶！但如何在新聞沙漠搶到版面？媒體關係的經營，以及如何跟記者交朋友，是候選人能否常上新聞的根本關鍵。

V○te 新聞沙漠的存活之道

　　在台灣，愈是「地方」愈講人情。人情，指的是人與人之間的社會關係，人與人互動好，就愈有交情。選舉是理性嚴肅的事，投票卻是感性的過程，要選出能服務鄉里的賢能之士，是需要慎思的，但是投票給誰？卻常被情感左右，所以候選人要在新聞沙漠區存活，首先要好好交朋友，跟媒體交朋友、跟記者交朋友、跟記者的長官交朋友、跟媒體的朋友交朋友、跟所有能影響你上新聞的人交朋友。

　　跟媒體交朋友，「時間」很重要。長期在地經營的政治人物，能長時間跟媒體打交道，進而維持好的關係，但對於返鄉參選或空降的候選人，要在短時間內跟媒體交好，是個不容易卻又一定要達成的任務。

　　讓候選人跟選區媒體快速熟稔，第一步是安排飯局，把在地所有媒體都請來。選舉時，不只候選人需要認識記者，記者也需要認識候選人，藉由吃飯相見歡，場面一定是熱絡的，候選人的參選理念和抱負，可以完整的說給記者們知曉，但現實是，接下來整個選期，候選人需要上的

新聞，跟記者想要採訪的新聞，不會是一致的，如何在可預想的拔河中讓雙方滿意？就是媒體組的事了。

　　候選人競選辦公室一定有媒體組，而且多由有媒體經驗的記者負責，不少記者或主播還躍上第一線擔任發言人，專業的事交給專業的做，是對的，但是不要忘了，選戰主角是候選人，如果他或她對專專業有意見，執行效果一定打折。

　　以媒體組天天要操作的「發新聞」為例，主題是什麼？何時發？發給誰？都是學問。如果是主動操作的新聞，候選人的說法，一定是先討論過的，多是以候選人看法為主，幕僚修飾或調整，能事前準備的，問題都不大。如果是記者來問的回應性新聞，候選人回應的內容和速度，就會影響媒體組經營媒體關係了。

　　網路時代，記者最大的壓力是發稿時間，以前搶獨家，現在還要搶快。而候選人要回應的新聞，不只當地新聞、當日新聞，各媒體會有自己要做的新聞、記者會有自己規劃要做的專題，媒體組需要隨時接招，候選人腳步若沒跟上，媒體組找不到主角問回應或確認擬好的內容，而讓記者一等再等，那麼再來想上新聞，就會是個麻煩事了。

所以，在吃過飯、認識了記者之後，如果滿足不了記者和媒體的需求，直接影響的就是候選人在選區的曝光機會。打選戰，搶曝光不能手軟，跟媒體當朋友是不夠的，還要能當好朋友，有媒體經驗的媒體組，一定明白媒體需求，只是如果候選人配合得不好，免不了要打折扣分。

Vote 別忘借力使力

　　認識媒體、滿足需求之後，凡事不遲到，更是重要。選舉時刻，候選人和記者的時間都非常寶貴，不論是自己辦的，或是參加他人主辦的記者會和活動，「準時」是評斷他或她是否適任的第一指標，雖然活動和記者會很少準時開始，如果就是因為等你而延遲，這位候選人不只當地方父母官或民意代表有適任性問題，媒體緣也不會好。試想讓要寫你新聞的記者們等，原本想美言幾句，縱使沒有或不能變批判，也注定浪費一次好好曝光的機會。

　　一旦候選人跟媒體互動常頻出狀況，媒體組就得變身道歉組，不時為老闆解釋、說明、安撫，有時甚至要說

謊，在這過程中，噓寒問暖、請喝咖啡或吃飯，若就能搞定，算是小事，然而傷痕大小和深淺會不同，適時送上獨家或協助達成願望，媒體組也得想辦法擺平。

要在新聞沙漠中搶版面，已經不容易，要搶全國版面，更是難上加難。俗話說：不入虎穴、焉得虎子。要把候選人推進、擠上全國版，就得常出現在全國新聞中心：台北市。所以要到台北開記者會、參加活動、上政論節目、接受廣播專訪、上網媒直播秀，台北有曝光機會，最好都不要放棄。

其實這樣的安排，有時候選人真的很難選擇，因為跑一趟台北所花掉的時間，不知在選區可以握到多少鄉親的手；可是，在台北達到的空戰曝光效益，卻又跟在選區跑行程的陸軍戰法是相輔相成的，二者缺一不可啊！

除此之外，緊黏聲勢最旺的候選人，也是在沙漠戰區不得不的選擇。候選人不要臉皮薄，出來選舉就是要贏，想要贏，每一張選票都要拉，如果同黨同志或友黨候選人，聲勢強到天天是新聞主角，不要望之興歎，也不要在心中替他高興，而是要主動黏上去，借力使力，增加自己的曝光度。這跟請有名望、有影響力、有號召力的「大人

物」來站台的用意是一樣，差別在請高人來加持，還是自己往高人身邊站。

2018 六都選舉，高雄市長韓國瑜的聲勢變化，就是最佳實例，市長候選人變身成最佳助選員，一人救全黨的氣勢，史上首見。只是選上市長就選總統，罕見的轉身讓好景不常，反成全黨救一人的辛苦拉抬，可見選戰的變化莫測，之前的經驗未必是定律。

在新聞沙漠區打選戰，要從無到有的建立關係、搏感情，就是艱辛的事了，而媒體記者之外，熱心的地方人士、候選人的親朋好友，也是媒體組不能忽略的對象，只要候選人不在的現場，媒體組就會是分身之一，各種關係的經營，都關乎候選人的形象，縱使是資深、有經驗的媒體團隊，也會因為候選人先天條件的不足而辛苦百倍，箇中辛酸，只有操盤過的同業們知道嘍！

當媒體不當你是個咖時

　　媒體是現實的！因為有收視率（電視台）、閱報率（報紙）和點閱率（網媒）的壓力。收視率高，廣告主才會買單；閱報率高，代表報份賣得多，廣告才會上門；點閱率高，證明網站流量大，廣告也才會源源不絕。

　　看到這兒大家應該懂了：廣告是媒體的衣食父母，不製作出和寫出吸睛的內容來討好閱聽人，是無法得到廣告主青睞的。在這種以錢為核心的傳播循環裡，任何能在媒體露出的人、事、物，都不能是 nobady。一旦進入選舉時期，如果媒體不當候選人是個「咖」的時候，該怎麼辦？

V𝐨te 當「好咖」的條件

　　媒體不當你是個咖，意味你沒有魅力！問題出在哪兒

呢？

　　首先，可能是言之無物。採訪時，讓記者抓不到重點，用電視新聞專業話語講，就是無 bite 可拍。會發生這樣的尷尬結果，基本上有兩種情況：要不是講不出令人耳目一新的內容，就是講得落落長。

　　以宣傳效果最無遠弗屆的電視為例，候選人必須知道，電視台記者的工作是分秒必爭的，不是每個人都有時間重看或重聽剛才的採訪內容，所以要成為記者喜歡採訪的「咖」，就要想辦法滿足記者的需求。先練就一說就能說出電視台想要的 bite 的長度，通常是十秒、十五秒或二十秒，記者先生小姐需要多短，就講多短，需要多長，就講多長，最好還能講得如名言美句般，連標題都幫記者下好，如此一來，保證你會成為記者們口耳相傳的「好咖」。

　　當個受歡迎的候選人，出口成章、頭頭是道是必要的，偶爾文攻武嚇、展現個性，也不是不行，只要別吳儂軟語、搞自閉就好。

　　再來，也可能是言談內容不夠辛辣。政論節目相當計較來賓們的你一言、我一句，要能激盪出火花，衝高每分

鐘甚至每秒的收視率，才是好來賓，才會常發通告，才會有機會成為固定班底，進而晉級成為名嘴，甚至有談價碼的空間。

然而不只政論節目有這樣的需求，被記者堵訪時、受訪時、專訪時，只要是想藉媒體打知名度時，都要做好準備，才能不浪費每次在媒體露出的機會，不管是出現幾秒、幾個字，或幾個 cut（鏡頭），都是不用花錢就能有的曝光，機不可失，千萬要把握啊！

還有可能是形象不討喜。在看顏值的網路時代，高矮胖瘦、俊美與否，都能被評價，報紙需要照片、電視台需要影像、網媒要有視頻，想要躍上版面，怎能不為自己設定或設計好形象，來透過各式媒體跟選民交陪（交際往來）呢？當然突然間要減肥、增高、或變臉成男神或女神，也太強人所難。但是不可否認的，想在 21 世紀從政，管理好外形，恐怕是不得不做的準備，不然光是被酸言酸語或被冷處理，就夠讓人心酸的了，要走完選期更是辛苦，如果選贏最好，不然可能只剩霸凌，何必走這一遭呢？

只是知易行難啊！魅力或許是渾然天成，不過，後天

的生活歷練，以及有沒有接地氣，透過電視螢幕、紙媒照片、網路視頻，以及所有文字報導，選民是一眼看穿的，所以從政參選不能臨時抱佛腳，透過媒體傳遞出去的印象一旦被既定，要翻轉是相當困難的。

V te 要當能被叫出名字的咖

當然，媒體會有立場，記者也會有喜好，會不會把某人視為一個「咖」，是主觀的。先天的背景和條件，例如是否出身政治世家、是否有富爸爸或有錢媽、是否嫁或娶名人之後、是否曾是某政治明星的班底、什麼學校畢業的、師承哪位名人、做過什麼工作、有何豐功偉業、專長是什麼、感情狀況、性向……等，都會是你的第一張名片，記者透過這張名片「認識」你之後，大概也注定你在他們筆下會被怎麼呈現。

於是政 X 代、富 X 代、靠 X 族、X 家班……，這種先入為主、貼標籤式的媒體定義，就會無孔不入的出現了。候選人大多不會喜歡，甚至會感到不舒服，然而它也

是闖蕩江湖的一種起手式，看似負面的形象定位，卻是你能比一般素人快速被記憶的獨有特色，如何扭轉負評變成加分的正向推力，候選人是可以有作為的。

　　要怎麼做呢？最簡單的作法就是：改頭換面、重新做人。這麼說有點類似出獄的受刑人一般，要重回社會，一定要洗心革面，相同道理用在候選人身上，要甩掉既定的負面印象，當然也得從裡到外大改造一番，針對最被批評那個點改起，如果是被稱為富 X 代，就可以從關懷弱勢做起，要做到真心關懷，出力比出錢有效，你必須親身到達、親自參與或體驗弱勢族群的生活，才能感同身受，才能感動媒體、感動選民。

　　話說回來，如同羅馬不是一天造成的，要成為一個「咖」也難是天生的，可是選擇要從政，要走選舉之路，就絕對不能讓媒體不當你是個「咖」。如何努力，各憑本事，切記的是：千萬不能是被叫不出名字的那個人。

軟硬兼施的媒體攻防

　　要選舉，候選人一定需要媒體報導，怎麼跟媒體相處？是門必修課。但是大部分候選人都是要選了，才開始接觸媒體，跟記者交朋友。雖說為時不晚，來不及早做，至少有做，總比不知道要做或不做好，只是怎麼跟媒體打交道，真是一門學問。

Vote 為曝光身段要軟

　　別緊張，媒體不是洪水猛獸。不過，也並不好搞。一旦要選舉了，候選人需要認識新聞界，新聞界也要認識候選人，二者互為需求，只要和平相處，必能共存共榮。可是候選人之於媒體，畢竟僧多粥少，想要被報導的人太多，能提供版面和採訪的媒體和記者相對就顯少，如何搶

曝光，就要靠本事。幾個基本功夫要準備：

第一、要能隨傳隨到。記者需要採訪時，請盡量排除萬難受訪，不要抱怨怎麼不早說、調整行程很麻煩，答應受訪一來幫記者完成任務，二來也能讓自己再次曝光。一名成功轉戰六都市長的立委，當初就是這樣累積出「好咖」名聲，進而成為政論節目常客，並且累積出全國知名度。能被記者想到來約訪，要當成是天上掉下來的禮物啊！

第二、要什麼都能談。記者要來採訪任何題目，都要能頭頭是道的說，大家在各媒體常看到的受訪者，包括學者、專家或名嘴，不都是這樣出道的？可見當個候選人，不能只泡在行程裡，不能只知選區大小事，國內外各類新聞都要掌握，記者隨機出題，也難不倒你。

第三，要有求必應。記者需要什麼，就提供什麼，例如要唱歌就唱歌、要做菜就下廚、要介紹家鄉事就講古給他聽。不要自我設限、有偶包，當選之前，候選人離偶像

很遠，就算當選，也未必會變成偶像，請不要想太多。

　　搶版面、求曝光，只是候選人跟媒體的基本互動，維持良好的關係，還有更深層的選戰布局用意。台灣的媒體早就被分顏色，而且各擁其主，選戰開打的過程，每位候選人在不同媒體，不會得到平等的對待，雖然政府有監督機制、民間也有監督機構，媒體跟候選人總是顏色互斥，第一線採訪的記者也得無奈配合，所以每個競選團隊都要時刻警覺：新聞是否誇大不當、尺度是否踩紅線、影射是否太過分，甚至造假、汙衊或違法。

　　網路時代，新聞一出如潑出去的水，不只覆水難收，即使秒刪，也一定已經被截圖或留底，如果內容有誤或根本要刻意傷害，將永難彌補，這樣的不幸，不論是有意還是無意造成的，都不應該在民主選舉過程中發生，各陣營務必嚴肅看待新聞戰可能製造的不公，不要姑息；各媒體也要在執行選舉任務之餘反躬自省，別忘專業。

Vote 花錢只為硬道理

　　台灣媒體雖然立場鮮明，終究不是慈善機構，兩年一次的選舉，是各家媒體重要的收入來源，為搶選舉財，各媒體都會使出渾身解數，特製選舉業務大餐，推銷給各陣營和各候選人。媒體宣傳費是每場選舉的必要支出，而且為數不小，錢花在刀口上是一定要的，但這筆錢不單只有提升知名度、展現專業度的宣傳效果，它還能發揮槓桿作用，保全候選人權益。

　　選舉最怕無的放矢，是媒體的無心疏失也好、對手的有意操作也罷，勢必造成傷害，傷口的大小和深淺對選情影響不一，但候選人不能默默承受，對自己的不公不義沒有行動，怎會為選民的不公不義挺身而出？對付媒體操弄的最好方法，就是以其人之道還治其人之身，也從媒體回敬對方。

　　如果是媒體的疏失，視傷害程度務必要求修正新聞、撤下新聞或公開道歉；如果是對手的操作，完全不用客氣，要發新聞稿或開記者會反擊；若有媒體或記者配合演出，甚至要循法律途徑解決。

君子愛財，取之有道。媒體要在選舉期間賺錢，無可厚非，但左手收候選人的業務費，右手讓記者做新聞打候選人，這像話嗎？任何一位候選人都不該這樣被對待。不管付錢是大爺，還是花錢買保險，選舉招數千奇百怪，做好各種準備，才能以不變應萬變。

　　在競選過程中，候選人全力尋求選民支持，身段要柔軟，但是跟媒體過招時，身段和手段要軟硬交互運用，以獲取自身最大利益。

　　不過，請謹記：水能載舟，也能覆舟。跟媒體和記者關係要怎麼維繫？保持君子之交，趨吉避凶而已。

因地制宜的媒體策略

　　在這個人人都可以是自媒體的網路爆炸時代，加上1450農場式的假新聞充斥，真假新聞愈是紛亂，代表「傳統價值」的電子媒體和平面媒體就愈凸顯其重要性。但是，傳統媒體的對待方式也必須因地制宜，千萬不能拿天龍國（台北市）的媒體思維看待，愈是封閉的地方選舉，就有更複雜的媒體關係、更要小心應對的人情世故，說好聽是「人情義理」，真槍實彈要面對的是媒體後面的地方勢力。

　　在天龍國，要搞好媒體關係，只要遵守前面寫的幾個原則和該注意的細節，照著本書的章節，按表操課，型塑好候選人、給出好的題材或話題，在媒體爭取曝光機會就不難，但是到了地方，得尊重「地方」，入境隨俗很重要。

Vote 別瞧不起出現在身邊的路人甲

　　舉個例吧！穿吊嘎（背心）、拖鞋、開超跑，到路邊攤喝牛肉湯，是台南地方日常。看似古樸的一面，卻有著關鍵的影響實力，因為幾乎每個看似不起眼的人，都有可能是一方之霸，都會跟你說：我跟某某某記者很熟、是換帖的，跟電台主持人也是麻吉，更別說地方電視台了，逛電視台就像走自家後門一樣……。

　　別以為他們在唬爛，因為選舉期間，不僅宮廟要拜，地方勢力關係的維繫更是不能少，他們和地方媒體絕對是連動的關係，白天可能還看不太出來，但到了夜晚，那可是稱兄道弟的好麻吉啊！所以，當候選人的競選文宣無法透過正常媒體管道露出時，就要想辦法搞定「地方勢力」。

　　這些「地方勢力」有可能是宮廟主委、也有可能是餐廳老闆，他們不缺錢（當然，如果能有些實質上的回報會更有效），他們重視的是「感覺」，也就是「奇摩子」，候選人和競選團隊在面對穿吊嘎、拖鞋的地方大老們時，「敬重」是基本配備，無論如何，都要讓對方感到自己在

這場選戰上是無比重要、具有關鍵影響力,然後傾聽他們的建議,無論能不能成、可不可行,都要虛心討教,而且「受教」。

給足了面子才能走進人心,這是在地方選舉時,面對地方媒體與勢力必要的條件,也是可長可久的唯一法門;但偏偏也有地方諸侯懶得和媒體「交心」,直接用錢包養!「花蓮王」傅崑萁涉嫌濫用公帑「包養」14名平面與電視台記者,以「縣政宣導平面素材資料庫蒐集建立」採購案為名義,找來各媒體駐地記者標下25個、從14萬到28萬餘元不等的標案(《蘋果日報》2018/12/20),花錢不是不行,但是直接用錢包養,手法太粗暴,曝光也只是剛好。

Vote 蹭錢的臥底的都不得罪

而地方上的媒體及記者哥姊弟妹們,也是一個都忽視不起,儘管有的所屬媒體可能從沒聽過,也未必找得到,但出現在餐會上、競選總部、活動現場時,要以對待正統

媒體和記者們相同的規格來招呼。選舉時，候選人需要無孔不入的曝光，在求量的同時，也要防範任何負面訊息的出現，每天來報到的媒體和記者，要好好交朋友；特定場合才會出現的地方無冕王，也不能讓他們不開心。所以，各種媒體需要的新聞露出型式，全要「傳便便」，必要時，還得客製化，做好做滿準沒錯。

也需要「傳好」的還有各種為候選人量身訂做的「媒體專案」的「應對招式」，從最基礎又個人的心理準備，到備而一定用上的「特別預算」，都要先想到，候選人和家人，以及媒體組才能兵來將擋、水來土掩。實在是因為，不是每個「媒體專案」都是候選人需要的，專業的競選媒體團隊，能操作的曝光計劃全都在掌握中，臨時多出來的方案，難出其右，面對在地媒體的「好意」，有時真的得心領，有的不能不買單，怎麼判斷呢？沒有一定的標準，只能在「人情及勢力」都不能怠慢的大原則下，個案分析，一一化解。

相信所有競選團隊都明白，錢能解決的事都是小事！然而，參與選舉不是等著被勒索，也不是每位候選人都是郭台銘，可是趁選舉撈一筆、賺一手、蹭飯吃、來臥底的

三教九流確實讓人難以想像，有的連候選人都想不起來跟他或她有什麼關係，或一看即知是「嘸效」的案子……，當他們一個個來敲門時，媒體組要有層次的安排代表見客，務求能處理的就當場解決，畢竟選舉時刻，大家都很忙啊！

財大氣粗未必有用

　　選舉，沒有不花錢的，可是在台灣選舉，特別花錢。還好隨著民智已開、社會進步，候選人花在買票的錢少了，但是媒體宣傳費卻不能少，因為有沒有「下預算」，關乎知名度的營造，在網路時代的現在，更是聲量的來源。

　　媒體宣傳有兩種：**一種花錢，一種不花錢**。看似廢話，學問卻很大。

　　網路時代，媒體百百種，要做花錢的媒體宣傳，候選人請先準備好「深口袋」和「判斷腦」。

　　看到「深口袋」這個條件，相信大部人會立即想問：選舉到底要花多少錢？而這樣一問，可能會驚嚇到想從政的年輕世代，對於沒有家世背景，或沒有金主支持的有志青年來說，選一次舉，到底要準備多少錢呢？

　　舉 2018 年六都選舉當選人向監察院申報的選舉經費

為例，最高的是新北市長侯友宜，申報花了 1 億 5,342 萬元，第二名是高雄市長韓國瑜，花了 1 億 1,406 萬元，花費最少的是台北市長柯文哲，申報了 5,588 萬元。看來，沒錢，還真難從政報國！

選舉真的是有錢人的專利嗎？這是民主國家的常態嗎？即便選上了，四年的民代公職薪水，根本是千萬億元選舉花費的九牛一毛，當選人要怎麼「賺回來」？一連串的問號，已經點出台灣民主發展的扭曲。

每位想從政的人，口袋深度都不會一樣，不同的銀彈準備，關乎選戰規模及打法，講白了，就是有多少錢做多少事，整個選期的花費要怎麼安排，都需要事前做出預算表，不論錢是自己攢的、父母給的、朋友借的、銀行貸的、募款來的，文宣花費會占五成以上，其中多少用在媒體曝光？就要斤斤計較。

Vote 貴森森的媒宣大餐

電視台的媒體宣傳最昂貴，全都以秒計價。廣告費檔

購組合價最便宜的一檔也要一萬元，怎麼買都是六位數起跳；一則 60-90 秒的新聞置入 15-30 萬元、一次 60-90 秒的 SNG 連線 15-35 萬元、一次短版人物專訪 12-35 萬元、上一次政論節目 10-15 分鐘 15 萬元起跳、議題置入政論節目一次 40-80 萬元、政論節目戶外開講一場 50 萬元起跳、上一次新聞性節目專訪 40-100 萬元、上一次文化教育類型節目專訪 5-8 分鐘 15-50 萬元、做一次民調 20 萬元、社群直播一次 30 萬元起跳，選前黃金週和選前之夜的轉播都是好幾百萬元。

報紙，有比較便宜嗎？各報頭版廣告要價都在百萬元，其他版面全十、半十、四分之一……，要價也要 5-6 位數；新聞置入全國或地方版，一文加一圖都六位數起價；民調一次 15-30 萬元，若加半版專題報導，50 萬元起跳。然而紙媒賺錢管道不只如此，每家報社都有電子報，把平面資源，做網路轉載，再加上因為手機族應運而生的行動版，一篇報導或廣告可以露出三次，當然也賣了三次，這是候選人被剝三次皮的意思嗎?!

流量大的網媒，為搶食選舉財，即便操作模式和電視台、報紙類似，但由於資訊曝光的通路和載具不同，目標

客群也不一樣，當然不會在選戰中缺席，於是大網媒也為各式選舉開設廣宣專案、直播、民調、特別節目，選前之夜和開票也有聯合直播，利用分眾優勢，為電腦族、手機族另闢關注政治的專屬場域，收費沒有比較便宜，比電視台和紙媒更複雜的圖文格式、放置區塊，以及露出計算方式，林林總總加加起來，為一位候選人量身訂做的專案，也都要百萬元起跳。

Vote 聰明的消費訣竅

看完三種最主要的媒體宣傳的操作和售價，在在印證選舉是花錢的，候選人當然得視口袋深淺好好傷腦筋，錢要如何花在刀口上？此時就需要有個「判斷腦」，判斷一大堆眼花撩亂、一切為你、彷彿不買就落選的各家媒體廣宣專案，到底怎麼買才能幫得上選情？

懂得「三要」：想要、需要、必要，就不難了。借用培養小孩金錢觀的「三要」概念，候選人或競選團隊就可以快速從各家媒體自我吹噓的廣宣效益中，清醒過來！

「想要」出現在什麼媒體、接受誰的訪問或打出拍出什麼樣的廣告……時，請惦惦自己的斤兩和銀行存簿的數字，就能決定可或不可為！利用民調、自己走基層感受的冷熱度、團隊帶回的資訊，來研判選情溫度，就能針對「需要」的媒體宣傳，做出適切的規劃；選舉過程會有一定要露出、表態、問候、衝刺、攻擊……的「必要」時候，關鍵時刻，機不可失，該做的、該花的，就別猶豫了。

至於要把媒體宣傳預算花在什麼媒體、什麼時段、篇幅大小及什麼露出形式……，競選團隊裡就要有人「看得懂」各家媒體設計出來的專案內容，才能把每筆預算根據原設目的，投放在對的地方，不論是制式的版本，還是客制的設計。

聰明消費的撇步是：請媒體業務提供「現在進行式的」收視率（電視台）、閱報率（報紙）和流量（網媒），因為專案企劃書裡秀出來的，都是曾經出現過的最高數字，好漢不提當年勇，過去的就讓它過去，為了勝選，候選人需要的是從現在的媒體效果，來研判下預算後，是否能衝高未來的聲量，進而增加當選機率，這樣錢花得才有意義。

Vo**te** 如何以小搏大

　　媒宣既然是選舉戰略布局的一環，就要針對整個選期，進行短、中、長期的操作設計，有的要固本、有的要開拓、有的必須攻擊、有時還要能洗腦，所以中央和地方的媒體，要交互運用，在媒體宣傳計劃裡都要有角色。

　　媒宣計劃愈早訂定愈好，競選團隊及早就定位，媒體採購也能提早下單，因為愈早採買，愈有議價空間，屬害的採購高手能買到牌價 5-7 折，因為相對應的，各媒體的選舉業務定價也是波段操作，愈到後期愈貴，選前四周起，周周有新價，天天有人搶，但廣告秒數或版面、新聞能置入的則數或篇幅、節目能採買的時段……，幾乎接近爆表，愈近投票日愈貴，有錢也買不到的情況也不是沒有發生過。

　　口袋不夠深的候選人，媒體宣傳計劃和媒體採購更是一定要早做規劃，還要善用不花錢的方式做宣傳。首先，投資自己，把自己訓練成應答高手，對記者採訪有求必應，而且言之有物，成為媒體認定的「好咖」，就可以常常在新聞上露出，管它出現幾秒或幾個字，都是免費的

宣傳。第二，如果認識媒體高層，請務必不能客氣，「關係」千萬要用上，台灣選舉講人情，一定要親自拜訪各媒體高層的叔叔伯伯阿姨嬸嬸哥哥姊姊，禮數夠加上見面三分情，下預算時會有折扣，不然也會多給則數或秒數，這樣就能增加曝光率，這多出來的曝光，就是不用花錢的媒體宣傳。而「關係」維持好還有「養兵千日用在一朝」的預防功能，選舉免不了攻擊，一旦出現對自己較不利的訊息，也可以透過「關係」請求修正。所以想要從政，廣結善緣、多交朋友，是不是非常非常重要啊！

其實，錢不是萬能，但沒錢萬萬不能。進入選舉戰場，財大氣粗或許不需要斤斤計較，也不用靠「三要」來分配媒宣預算，但有錢不保證就能選贏。

鴻海集團創辦人郭台銘先生參加國民黨總統初選就是最好實證，三個月的時間，衝上民調第二名，如果沒有新台幣當後盾，是無法打出如此亮眼成績的。不過，換個角度看，郭台銘先生不是沒沒無聞的素人，而是具有國際知名度的大企業家，從商轉換跑道從政，雖然要廣為宣傳治國方針和執政理念，但短短三個月的黨內初選，如果真如自己的發言人所言「所有投入經費不超過一億元」，那真

不知有多少是白花的！因為就郭董拚戰三個月的媒體宣傳規格，有經驗的操盤手都知：何止花一億元啊！

Chapter 5

賢能好公僕的
出現與出線

相信很多人會問：現在有賢能之人可選嗎？各政黨都宣稱候選人
是由民主機制產生，結果呢？大政黨老人把持，沒有人才庫；小
政黨為跨過 3% 門檻拿選舉補助款，各場選舉無役不與，但推舉
出來的人選，品質貧乏。於是勝選取得民代資格後，問政表現和
選民服務卻讓人民失望，是選民看走眼、選錯人？還是問題出在
民意代表們呢？

政黨及候選人篇

　　30歲以上國人應該都有這樣的記憶，每到選舉時節一定會在電視上看到「選賢與能」的政令宣導，它是民主選舉最基本也最核心的價值，強調每一張選票都十足珍貴，有投票權的公民千萬要慎重，因為一票一票投進票匭選出的各級民意代表，是監督政府，讓國家健全發展的重要推手，當然一定要是賢能之人。

　　曾幾何時，華人圈唯一連總統都由人民直選的民主進步國家中華民國，「選賢與能」不再是每逢選舉必提的事，選舉廣告全面商業化，加上網路轉傳各種片段資訊，甚至是醜化的、不真實的、沒有根據的說法或報導，有投票權的你，特別是才剛能投票的年輕公民，可曾想過要選出或如何選出賢能之人嗎？

V☉te 哪個黨沒在混

　　相信很多人會問：現在有賢能之人可選嗎？唉！這個問題更根本。

　　有選舉，就要有候選人參選。候選人怎麼產生？各政黨都有一套遊戲規則，讓有志為民服務的黨員同志，經由自定機制，成為代表該黨在特定選區參選的候選人；沒有黨派者，只要符合中選會規定的參選資格，也可以獨立參選。

　　看起來，候選人的「出現」很簡單，但是「誰」該出現，卻不應該簡單。台灣各式選舉的候選人們，大多由政黨推薦，各黨派也都有自己的人才培育模式，只是推出的候選人還是以民意代表們的先生或太太、兒子或女兒、主任或助理為大宗。這種傳承式的政治事業經營模式，美其名是經驗傳遞、服務接力，事實常是勢力鞏固、利益延續，於是地方派系就此林立，有了山頭，更形競爭，一致對外之前，要先內鬥，雖然各黨派都說是經由民主機制產生候選人，但是每次遊戲規則不同，黨內互打也常面紅耳赤，互批不公平。

2020 總統大選民進黨和國民黨黨內初選的過程和結果，就是經典。

　　所以年輕公民看到的是，各政黨為選舉培養的或經由機制推出的候選人，能選贏，是第一要務，就是管他黑貓還是白貓，會抓老鼠的就是好貓的概念，於是想在這樣的政治運作圈中竄出，N 連霸的理當繼續選，有靠山的有庇蔭的容易輕騎過關，沒錢沒勢但有抱負的若沒伯樂，還是會被埋沒。

V0te 請讓對的人出現

　　可見宣稱候選人是由民主機制產生，又怎樣？大政黨老人把持，沒有人才庫；小政黨為跨過 3% 得票門檻拿選舉補助款，各場選舉無役不與，但推舉出來的人選，品質貧乏。如果有觀察會發現，大黨派推出的候選人，老人和老面孔居多、派系山頭繼續分食、紀錄不良者捲土重來、藍綠黑紅白橘黃各種底色都有，搶票時，說得一口好選舉，批評對手，口沫橫飛，說起政見，華麗空泛，再怎麼

強調心心念念為國為民，光看候選人陣容就讓選民心冷，於是獨立參選人勝出，例如台北市長柯文哲；年輕敢言的如時代力量、基進黨，展現旺盛鬥志，闖出名號。

推出品質好的候選人，進入各級民意殿堂後，做有品質的問政，讓政局朝正循環發展，國家才可能進步，台灣因為政治惡鬥已經空轉 20 多年，各政黨都是共犯，請展現一個有為政黨存在的價值：為國舉才，21 世紀即將走過五分之一，台灣不能再蹉跎。

根據中選會統計，2020 正副總統選舉的首投族，有 31 萬 8,208 人。不要讓第一次參與中央選舉的年輕孩子投完票就後悔後悔，或許來不及了，然而一旦當選正副總統、立法委員的你們，有責任不要讓大家再失望。而下次，2022 六都縣市長及議員九合一選舉、2024 總統及立委選舉……，各黨各派請務必讓對的人出現，給上千萬的公民們，有賢能之人可選。

選民及鐵粉篇

　　中華民國是全世界華人圈裡，唯一的民主國家，2,300萬人民中有投票權的公民，可以經由兩年一次的中央及地方選舉，選出各級民意代表來為自己服務。從 1996 年總統直選開始，我們已經經過三次政黨輪替，可是政治氛圍卻更形對立，簡化成藍綠兩個顏色、統獨兩個選擇，顏色＝立場、統獨選擇＝敵我之分，政治人物靠選邊站獲取政治利益，選民因為被歸類或被圈粉，而只支持某陣營或某人，二分法政治發展的結果是：選舉時刻，對立又起；選舉結束，後悔連連。一個正常國家不應該陷入這樣的循環。

　　民意代表由人民投票選出，民代們的代議權利是人民付予的，為什麼勝選取得民代資格後，問政表現和選民服務卻讓人民失望？莫非是選民看走眼、選錯人？為什麼選民會看走眼、選錯人，甚至常常重蹈覆轍？問題出在選民

們還是民意代表們呢？

這個問題其實跟到底是「雞生蛋還是蛋生雞」一樣，答案是無解，但是身為付予民意代表代為議政、治理國家大事的「頭家」們，是必須負起「選對人」的責任的。如何選對人，也就是選對各級民意代表？請睜大眼睛、打開耳朵！

Vote 學會裸視候選人

「頭家」，原是台語「老闆」的意思。在台灣，每到選舉，「頭家」二字就會高頻率的出現在媒體上，因為候選人來求票了，他們要先得到頭家們的青睞，才有機會入主各級民意殿堂，來為頭家們服務。有投票權的你，可曾被自己蓋章選上的民意代表們服務過？如果只有選舉期間候選人來求票時才有當頭家的感覺，那代表你投錯票，所託非人。

怎麼當個能「選對人」的頭家？其實很簡單：沒有包袱、不跟風潮、聽其言、觀其行、看新聞、讀選舉公報。

也就是要裸視候選人，想辦法看清他或她。

　　選舉不是買菜送蔥，不需要有人情壓力，不好意思不投誰；也不用跟流行一定要投誰，就算當鐵粉也要明辨是非，否則只會拖累候選人的選情。還有不要放棄跟候選人接觸的機會，可以近距離親身見識他或她的言行舉止、待人處事，並藉由新聞報導，評價候選人的時事應對能力，特別是一定要仔細閱讀選舉公報，知道候選人提出什麼政見，有沒有接地氣？並評估可行度如何？才能更讓你清楚誰是比較值得託付的準公僕，讓你這位頭家真的比較有可能當得成老闆，這是一個民主國家的選民應該有的素養。

　　不要嫌這麼做八股又老派，拆下選舉包裝，好好檢視自己選區的候選人，才看得到候選人和政黨原來的樣貌，比起喝到礦泉水、吃到滷肉飯，以及拿一堆面紙、扇子、帽子、背心、筆⋯⋯等文宣品回家，要值得太多。

Vote 請讓對的人出線

　　可惜的是，台灣的選舉總是落入國家認同、政黨顏

色、立場選擇，幾乎都是非敵即友的二擇一，選民也跟著被分成兩邊，尤其是規格愈高的選舉，最後總要回到藍綠對決、統獨之爭，因為所有候選人都明白，唯有這樣，才能勝出，輔以華麗的文宣包裝，喊出動人的選舉金句，再砸重金在各式媒體大肆操作，進行洗腦式的宣傳，攏絡選民，鐵粉更鐵，其實喊團結的反而最撕裂族群。

還好，被政客操弄的選舉遊戲，始終有人不認同，這群所謂的中間選民，人數愈來愈多，逐漸成為左右選情的關鍵力量，台灣是不是應該要有二分法之外的新選擇？已在每次選舉被提起，只是聲音不夠大、力量還薄弱、共識仍不多。請繼續加油了！

認同政黨或候選人，進而用選票給予肯定，是公民的權利。不論是心有定見的選民，還是心有所屬的鐵粉，「理性」支持才能為自己選出真心服務鄉里的人才，讓國家邁向政治清明的正途。請睜大眼睛看清楚你屬意的候選人的言行舉止、打開耳朵聽進去對你屬意的候選人的所有批評，將每張神聖選票投給真正視你為主人的政黨和候選人，讓對的人出線，別再投完票就後悔。

待續：2024 誰當家？

很快的，中華民國第 15 任總統就要出爐，是持續綠色執政也好，又政黨輪替也罷，第三勢力依舊難問鼎大位，但卻相當有機會拓展國會版圖，藍、綠立法委員席次估計會下降。接下來，可以喘口氣嗎？當然不，大家都要先好好檢討一番。

當選者，好還要更好，得檢討選戰得失，開始為下次選舉鋪路；落選者，收拾失敗心情，選擇重整旗鼓或退出江湖；不能連任者，要為退而不休做安排。連 2022 六都縣市長及議員九合一選舉，也已經整裝待發，沒辦法，誰叫台灣兩年選舉一次。

2024 總統大選，會是誰跟誰捉對廝殺呢？國民黨還習慣看輩分，有接班梯隊；民進黨國民黨化後，也不容弟妹造次，縱使民調領先。衷心呼籲：老人退場吧！各黨各派各種顏色的老人、老政治人、老政治面孔，請都讓開來吧！中生代該上場了，世代交替喊了 30 年了，誰做到了？

沒關係，立即做就不嫌晚。所以會是雙文之戰：連勝文 vs. 鄭文燦嗎？敬請期待了。

藍、綠會繼續對決，白色力量也不會缺席！由藍轉白的郭台銘在宣布「不選 2020 總統」之後的第 41 天說：「人生七十才開始，大家後會有期」、白色代表柯文哲的核心幕僚台北市政府顧問蔡壁如在接受訪問時也證實「柯文哲布局 2024」……，畢竟，只有登上了總統大位，才能說是真正的當家！做一個大當家的，可以決定的事情可多了，因為這是可舉全國之力的資源啊！

不過，總統大位取之不易，撇開「天意」不說，2020 的政黨票得票率會是個先行指標，以宣誓要成為關鍵第三大黨的台灣民眾黨為例，黨主席柯 P 要拿下 2024，2020 大選的政黨票就要超過 5%，跨過第一個門檻之後，接下來是 2022 年的地方議員選舉，至少要有 22 個以上的議員席次，才能談 2024 總統大選之路；白色如此，其他兩個大黨更是如此，誰能爭取到最大化的基礎民意，誰的總統之路就愈平坦。

因為這是你的未來，所以，別忽略你手上的任何一票，不要憑感覺，快去投票！

後記

　　我的世代我作主：選舉教會我們的事

有一定要感謝的人

感謝：2018 年台南市長候選人高思博及其競選團隊，這是我們第一次如此全身心的投入選戰第一線，經驗何其寶貴，從 44 萬票的差距縮減到 5 萬票，這美好的一仗，我們已經打過！也得以讓廣大讀者更能一窺地方選舉生態的有趣與奧妙。

感謝：2018 年柯文哲競選辦公室主任黃建興，從您的身上我們看到了操盤手在選戰當下每一個決斷背後考量的層次和細膩度，絕非浪得虛名！也因為您無私的分享，使得這本「選舉專門書」可以更有深度、更能接近操盤手的思維。

感謝：韜光媒體製作公司董事長王儷潔，妳是我們認識最年輕的選舉團隊總教練，不論從打擊手或是投手的角度，總能做出最全面的考量與精準的分析，也讓這本書獲益良多。

感謝：思維策略共同創辦人謝一平、同溫層數據 SocialSphere 葉承鑫，因為你們的全力協助與支持，讓本書有了最大的賣點：大數據！從大數據的角度來分析選情，才有了國內第一本大數據選舉書的產生。

感謝：「打臉名嘴」版主 RJ，網紅的生態原來如此！

感謝：本書的共同作者敖國珠，沒有妳，我應該不會踏入「選舉」這條路，也就體會不到台灣的選舉文化與精彩之處，一切的感謝，盡在不言中。

感謝：本書的共同作者楊惠蘭，沒有妳，我無法如期在三個星期內，完成負責的章節，亦友更亦師，衷心的感謝，妳懂的。

感謝：時報文化出版董事長趙政岷先生，您的慧眼，讓這本書提早問市；也謝謝翠鈺、嬿羽、季勳、宜芝、文德，你們的專業，讓這本書閃耀上市。

人與土地 20

我的世代我作主：選舉教會我們的事

作　　者 — 敖國珠、楊惠蘭
編　　輯 — 黃嬿羽
行銷企劃 — 江季勳
美術編輯 — 李宜芝
封面設計 — 陳文德

董 事 長 — 趙政岷
出 版 者 — 時報文化出版企業股份有限公司
　　　　　　10803台北市和平西路三段240號七樓
　　　　　　發行專線／（02）2306-6842
　　　　　　讀者服務專線／0800-231-705、（02）2304-7103
　　　　　　讀者服務傳眞／（02）2304-6858
　　　　　　郵撥／19344724時報文化出版公司
　　　　　　信箱／10899台北華江橋郵局第99信箱
時報悅讀網 — http://www.readingtimes.com.tw
法律顧問 — 理律法律事務所 陳長文律師、李念祖律師
印　　刷 — 盈昌印刷有限公司
初版一刷 — 二〇一九年十一月二十九日
定　　價 — 新台幣二六〇元
（缺頁或破損的書，請寄回更換）

時報文化出版公司成立於1975年，
並於1999年股票上櫃公開發行，於2008年脫離中時集團非屬旺中，
以「尊重智慧與創意的文化事業」爲信念。

我的世代我作主：選舉教會我們的事 / 敖國珠，
　楊惠蘭作. -- 初版. -- 臺北市：時報文化，
　2019.11
　　面；　公分. -- (人與土地；20)
　ISBN 978-957-13-8028-5(平裝)

1.台灣政治　2.時事評論

573.07　　　　　　　　　　　　108019079

ISBN　978-957-13-8028-5
Printed in Taiwan